Christian Immler

Schnelleinstieg
Raspberry Pi 2

Christian Immler, Jahrgang 1964, war bis 1998 als Dozent für Computer Aided Design an der Fachhochschule Nienburg und an der University of Brighton tätig. Einen Namen hat er sich mit diversen Veröffentlichungen zu Spezialthemen wie 3-D-Visualisierung, PDA-Betriebssystemen, Linux und Windows gemacht. Seit mehr als 20 Jahren arbeitet er als erfolgreicher Autor mit mehr als 200 veröffentlichten Computerbüchern, u. a. das Buch „Linux mit Raspberry Pi".

Christian Immler

SCHNELLEINSTIEG RASPBERRY PI 2

RANZIS

Bibliografische Information der Deutschen Bibliothek

Die Deutsche Bibliothek verzeichnet diese Publikation in der Deutschen Nationalbibliografie; detaillierte Daten sind im Internet über http://dnb.ddb.de abrufbar.

Programmleitung: Dr. Markus Stäuble
Satz und Layout: Nelli Ferderer, nelli@ferderer.de
art & design: www.ideehoch2.de
Druck: Kessler Druck + Medien GmbH & Co. KG, Bobingen
Printed in Germany

ISBN 978-3-645-60428-4

INHALT

VORWORT

When six of us founded the Raspberry Pi Foundation in 2008, we could hardly have imagined the scale of interest that we would see from engineers, educators and ordinary people around the world. Having planned to produce no more than 10,000 devices for the UK education sector, we find ourselves, 15 months after launch shipping this many devices every 2-3 days. While a majority of the 100,000 orders we took on launch day were from UK customers, the US is now our largest global market, followed closely by Germany.

Our core focus at the Foundation remains education; using profits from the sale of devices, and with the help of a $1m grant from Google in January 2013, we have been rolling out Raspberry Pi kits to schoolchildren throughout the UK, developing teaching material and encouraging the Government to invest in teacher training. But it is the response of the maker/hacker community (to whom we sometimes refer as »children of all ages«) who have been the greatest surprise for us. From high-altitude balloons to garage door openers, from wildlife cameras to remote-control boats, our challenge during our second year on the market is to connect the wave of enthusiasm and creativity that Raspberry Pi has unleashed with our target audience of children. We want to show them that learning about computing and electronics can be not just educational, and a great career move, but also fantastic fun.

The internet offers today's children resources and learning opportunities which weren't available to previous generations, but printed books are a vital part of the ecosystem and the principal source of professionally produced content. We're delighted to see a new German-language title enter the market, and look forward to seeing what new projects it inspires you to create using the Raspberry Pi.

Eben Upton, Erfinder des Raspberry Pi, Juni 2013.

1 KLEINER COMPUTER GANZ GROSS

Kaum ein elektronisches Gerät in seiner Preisklasse hat im letzten Jahr so viel von sich reden gemacht wie der Raspberry Pi. Der Raspberry Pi ist – auch wenn es auf den ersten Blick gar nicht so aussieht – ein vollwertiger Computer, etwa in der Größe einer Kreditkarte und vor allem zu einem sehr günstigen Preis. Nicht nur die Hardware ist günstig, die Software noch mehr. Das Betriebssystem und alle im Alltag notwendigen Anwendungen werden kostenlos zum Download angeboten.

DER NAME

Raspberry ist das englische Wort für Himbeere. Schon früher wurden Computer nach Früchten benannt, wie z. B. Apple, Apricot, Blackberry. *Pi* steht für Python Interpreter, die wichtigste Programmiersprache auf dem Raspberry Pi. Zusammen ergibt sich ein Name, der mit dem englischen Wort für Himbeerkuchen, *raspberry pie,* phonetisch identisch ist.

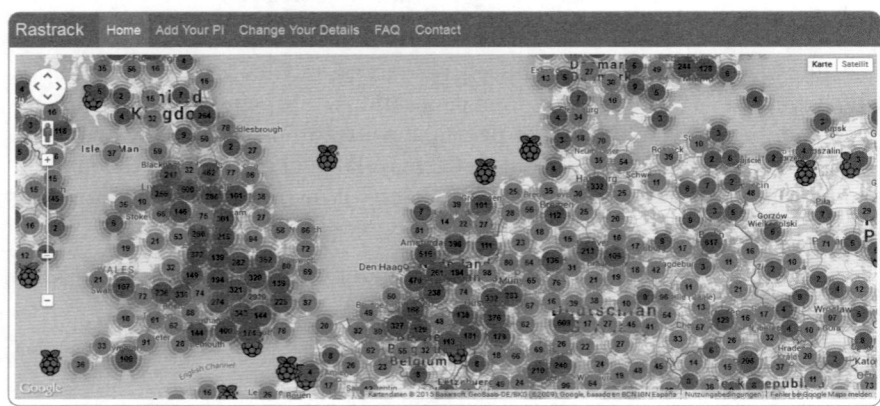

Bild 1.1: Die Webseite *rastrack.co.uk* zeigt eindrucksvoll, wie viele Raspberry Pis auf der ganzen Welt im Einsatz sind. Der Schwerpunkt liegt natürlich, wie zu erwarten, in Großbritannien, der Heimat des Raspberry Pi.

LINKSAMMLUNG ZUM RASPBERRY PI

Den Link zur abgebildeten Webseite sowie auch alle anderen im Buch erwähnten Links und noch mehr finden Sie in unserer Linksammlung zum Raspberry Pi unter *www.softwarehandbuch.de/raspberry-pi.*

1.1 Eine Himbeere verzückt die Maker-Szene

Mit dem speziell angepassten Linux mit grafischer Oberfläche ist der Raspberry Pi ein stromsparender, lautloser PC-Ersatz. Seine frei programmierbare GPIO-Schnittstelle macht den Raspberry Pi besonders interessant für Hardwarebastler und die Maker-Szene. Im Februar 2015 erschien der aktuelle Raspberry Pi 2, eine erweiterte neue Version des Raspberry Pi B+ mit 900 MHz Quad-Core ARM Cortex-A7 CPU und 1 GB RAM. Formfaktor und alle Anschlüsse entsprechen dem Raspberry Pi B+.

Bild 1.2: Der Raspberry Pi 2 Modell B und seine Hardwareanschlüsse

Die Leistungsfähigkeit ist mit einem ein paar Jahre alten Office-PC vergleichbar und somit völlig ausreichend. Die Grafikleistung entspricht etwa der Xbox 1 und liefert HD-Qualität beim Abspielen von Videos. Somit eignet sich ein Raspberry Pi durchaus auch als Media Center im Wohnzimmer oder als einfacher PC-Ersatz.

Als die britische Stiftung *Raspberry Pi Foundation* im Mai 2011 den ersten Raspberry Pi der Presse vorstellte, war das eigentliche Ziel, Schülern mehr Interesse am Programmieren und an elektronischen Basteleien zu vermitteln. Die Entwickler hatten damals für diese Zielgruppe an weltweite Verkaufszahlen um 1.000 Stück gedacht. Nachdem ein vom britischen Fernsehsender BBC gedrehtes Video zur Vorstellung des Raspberry Pi auf YouTube 600.000 Mal angesehen wurde (*youtu.be/pQ7N4rycsy4*), erhöhten die Entwickler spontan die Erstauflage des Modells B auf 10.000 Stück.

Beim Verkaufsstart im Februar 2012 wurden jedoch am ersten Tag bereits 100.000 Stück bestellt, sodass es zu erheblichen Lieferengpässen kam. Daraufhin schloss die Raspberry Pi Foundation Verträge mit den großen britischen Elektronikdistributoren Premier Farnell und RS Components, die Herstellung und Vertrieb der Geräte übernahmen. Inzwischen sind über 5.000.000 Geräte verkauft, darunter schon über 500.000 Geräte des neuen Typs Raspberry Pi 2. Raspberry Pi ist damit unter den britischen Computerherstellern der mit dem größten Absatz (in Stückzahlen).

1.2 Das unterscheidet die verschiedenen Raspberry-Pi-Modelle

Bevor der aktuelle Raspberry Pi 2 Modell B erschien, sprach man, wenn vom Raspberry Pi die Rede war, fast immer vom klassischen Modell B oder dessen Nachfolger B+.

Neben dem Modell B gab es anfangs noch ein Modell A ohne Netzwerkanschluss und nur mit 256 MB RAM, das vergleichsweise wenig verbreitet war. Für den Industrieeinsatz wird das Raspberry Pi Compute Modul angeboten. Diese Variante entspricht in der Bauform einem SO-DIMM-Speichermodul, wie es in Notebooks Verwendung findet. Da das Modul keinerlei Schnittstellen hat, muss es in Industrieelektronik eingebaut werden. Für Maker und Entwickler wird eine I/O-Platine mit diversen Schnittstellen geliefert, auf die das Compute Modul aufgesteckt wird.

	MODELL A	MODELL B (NEUES MODELL)	MODELL B+	MODELL A+	MODELL 2	COMPUTE MODUL (INKL. I/O-BOARD)
Größe	85,6 × 56 mm	85,6 × 56 mm	85,6 × 56 mm	65 × 56 mm	85,6 × 56 mm	85,6 × 105 mm
Prozessor	ARM1176JZF-S 700 MHz	ARM1176JZF-S 700 MHz	ARM1176JZF-S 700 MHz	ARM1176JZF-S 700 MHz	ARM Cortex-A7 900 MHz	ARM1176JZF-S 700 MHz
RAM	256 MB	512 MB	512 MB	256 MB	1 GB	512 MB + 4 GB eMMC
Speicher-karte	SD	SD	Micro-SD	Micro-SD	Micro-SD	keine
USB-Ports	1	2	4	1	4	1 + Micro USB Slave
Netzwerk	kein	10/100 MBit/s	10/100 MBit/s	kein	10/100 MBit/s	kein
GPIO-Pins	26	26	40	40	40	120

Tabelle 1.1: Technische Daten der verschiedenen Raspberry-Pi-Modelle

Bild 1.3: Oben: Raspberry Pi A+, Raspberry Pi B+, Raspberry Pi 2 – Unten: Compute Modul mit I/O-Platine, Raspberry Pi B altes Modell, Raspberry Pi B neues Modell (auf älteren Platinen fehlen die beiden auffälligen Schraublöcher sowie die beiden Lötösen für den Reset-Schalter links des HDMI-Anschlusses)

1.3   Das Betriebssystem auf dem Raspberry Pi

Linux ist ein freies Betriebssystem auf Basis des früheren Großrechner-Betriebssystems Unix. Es wurde ursprünglich für die Intel-x86-Plattform entwickelt, inzwischen gibt es aber auch Varianten für andere Systeme. Der Name Linux ist abgeleitet von Linus Torvalds, einem finnischen Programmierer, der den ersten freien Unix-Kernel veröffentlichte und damit den Grundstein für das heutige Linux legte. Verschiedene Linux-Varianten wurden speziell für den Raspberry Pi angepasst. Die Raspberry-Pi-Stiftung empfiehlt Raspbian, das auf dem bekannten Debian-Linux basiert und eigens für die Hardware des Raspberry Pi optimiert wurde. Dieses Betriebssystem unterstützt sämtliche Hardwarekomponenten aller Raspberry-Pi-Modelle optimal.

FÜR JEDEN ZWECK DAS PASSENDE LINUX

Das Betriebssystem wird auf einer Speicherkarte installiert, die sich leicht wechseln lässt. So kann man je nach Einsatzzweck den Raspberry Pi mit einem speziellen Betriebssystem booten. Neben dem klassischen Raspbian gibt es unter anderem die Multimedia-Distribution OSMC oder das Spiele-Linux ChameleonPi.

1.4   Braucht man ein Gehäuse?

Der Raspberry Pi wird als einzelne Elektronikplatine mit offen liegenden Kontakten und Bauteilen geliefert, was einerseits ziemlich cool aussieht, andererseits aber die Gefahr von Kurzschlüssen durch Berührung mit herumliegenden Metallteilen birgt.

Natürlich kann man den Raspberry Pi ohne Gehäuse betreiben. Ein Gehäuse schützt die Platine, muss aber die Anschlüsse, die an allen vier Seiten liegen, weiterhin benutzbar halten. Diverse Firmen bieten unterschiedlichste Gehäuseformen an, teilweise aus Acryl, um die Platine wie auch die LEDs weiterhin zu sehen. Links zu verschiedenen Gehäuseherstellern finden Sie in unserem Linkverzeichnis unter *www.softwarehandbuch.de/raspberry-pi*. Beachten Sie, dass die Gehäuse der älteren Raspberry-Pi-Modelle nicht zum Raspberry Pi B+ oder zum Raspberry Pi 2 passen.

1.5   Ein wenig Zubehör für die Inbetriebnahme

Der Raspberry Pi ist trotz seiner geringen Größe ein vollwertiger Computer. Um ihn allerdings nutzen zu können, braucht man wie bei einem »normalen« PC noch einiges an Zubehör: ein Betriebssystem, Stromversorgung, Netzwerk, Monitor, Tastatur und diverse Anschlusskabel.

1.5.1   Hier finden Sie Erweiterungskomponenten

In den Anfangszeiten war der Raspberry Pi nur über die englischen Shops von Premier Farnell element14 (*de.farnell.com/raspberry-pi-accessories*) und RS Components (*bit.ly/16aDyZv*) zu bekommen, was mit Wartezeiten und hohen Versandkosten verbunden war. Mittlerweile bieten diverse Händler den Raspberry Pi online an. Bei Conrad bekommt man ihn ebenfalls im Online-Shop (*www.conrad.de*) sowie auch – wenn nicht gerade ausverkauft – in den Filialen.

Die Preise für den Raspberry Pi 2 liegen in Deutschland zwischen 30 und 45 Euro. Das größte Angebot an Erweiterungskomponenten für den Raspberry Pi bietet der Online-Shop von Farnell.

1.5.2   Strom über Micro-USB-Handyladegerät

Für den Raspberry Pi reicht jedes moderne Handynetzteil. Ältere Ladegeräte aus den Anfangszeiten der USB-Ladetechnik sind noch zu schwach. Schließt man leistungshungrige USB-Geräte wie externe Festplatten ohne eigene

Stromversorgung an, ist ein stärkeres Netzteil erforderlich. Das Netzteil muss 5 V und mindestens 700 mA liefern, besser 1000 mA. Der eingebaute Leistungsregler verhindert ein »Durchbrennen« bei zu starken Netzteilen.

SO ÄUSSERT SICH EIN ZU SCHWACHES NETZTEIL

Wenn der Raspberry Pi zwar bootet, sich dann aber keine Mausbewegung erkennen lässt oder das System nicht auf Tastatureingaben reagiert, deutet das auf eine zu schwache Stromversorgung hin. Auch wenn der Zugriff auf angeschlossene USB-Sticks oder Festplatten nicht möglich ist, sollten Sie ein stärkeres Netzteil verwenden.

Der Raspberry Pi kann seinen Strom auch aus dem USB-Anschluss eines PCs beziehen. Allerdings braucht man hier (offiziell) einen USB-3.0-Anschluss mit Micro-USB-2.0-Kabel, da diese Anschlüsse nach Spezifikation 900 mA liefern, ein normaler USB-2.0-Anschluss aber nur 500 mA. Viele Notebooks haben aber schon USB-2.0-Anschlüsse mit 700 mA Leistung oder mehr.

Bild 1.4: Die Zahl im Kreis gibt die Klassifizierung der Speicherkarte an, hier: 4 GB Class 10.

Eine Micro-SD-Speicherkarte agiert als Festplatte. Sie enthält das Betriebssystem. Eigene Daten und installierte Programme werden ebenfalls darauf gespeichert. Die Speicherkarte sollte mindestens 4 GB groß sein und nach Herstellerangaben des Raspberry Pi mindestens den Class-4-Standard unterstützen. Dieser Standard gibt die Geschwindigkeit der Speicherkarte an. Eine aktuelle Class-10-Speicherkarte macht sich in der Performance deutlich positiv bemerkbar.

RASPBERRY PI HAT KEIN BIOS

Der Raspberry Pi bootet immer von der Speicherkarte. Da er kein BIOS hat, gibt es auch keine Möglichkeit, umzuschalten, um von einem anderen Medium zu booten. Daten können auch auf einem USB-Stick oder auf einer externen Festplatte liegen.

1.5.3   Dateneingabe mit Tastatur und Maus

Jede gängige Tastatur mit USB-Anschluss kann genutzt werden. Kabellose Tastaturen funktionieren manchmal nicht, da sie zu viel Strom oder gar spezielle Treiber benötigen. Haben Sie keine andere Tastatur zur Verfügung, benötigen Sie einen USB-Hub mit separater Stromversorgung zum Betrieb einer Funktastatur. Einige USB-Tastaturen besitzen einen weiteren USB-Anschluss für die Maus. Dadurch sparen Sie sich am Raspberry Pi einen Anschluss, was bei älteren Raspberry-Pi-Modellen wichtig war. Die vier USB-Anschlüsse des Raspberry Pi 2 reichen in den meisten Fällen für angeschlossene Geräte aus.

Eine praktische Lösung, die zur Größe des Raspberry Pi passt, ist die Mikro-Multimedia-Funktastatur mit Touchpad MFT-2402.TP von GeneralKeys, die in Deutschland über *www.pearl.de* vertrieben wird. Diese Tastatur hat etwa die Größe eines Taschenrechners oder eines größeren Smartphones, dabei aber ein komplettes deutsches QWERTZ-Tastaturlayout mit Funktionstasten, Cursorblock und Ziffernblock. Tasten mit einem klar spürbaren Druckpunkt ermöglichen ein flüssiges Tippen aus der Hand, ohne die Tastatur irgendwo auflegen zu müssen. Ein präzises Touchpad und je zwei Maustasten an beiden Seiten, die mit den Daumen leicht erreichbar sind, ersetzen die Maus. Die Stromaufnahme des Funkempfängers ist so gering, dass man ihn direkt ohne Hub am Raspberry Pi anschließen kann.

Bild 1.5: Funktastatur (Bildquelle: Pearl GmbH – *www.pearl.de/a-PX4833-1002.shtml*)

Die Tastatur wird über einen USB-Funkempfänger mit dem Raspberry Pi verbunden, wobei keine Treiber installiert werden müssen. Der USB-Stick kann bei Nichtbenutzung in einem Fach auf der Unterseite der Tastatur gelagert werden. In der Tastatur ist ein Akku eingebaut, der mit einem USB-Ladegerät aufgeladen wird.

Maus mit USB-Anschluss
Eine Maus mit USB-Anschluss wird nur benötigt, wenn man auf dem Raspberry Pi ein Betriebssystem mit grafischer Benutzeroberfläche verwendet.

1.5.4 Netzwerkkabel für die Routerverbindung

Zur Verbindung mit dem Router im lokalen Netzwerk wird ein Netzwerkkabel benötigt. Zur Ersteinrichtung ist dies auf jeden Fall noch erforderlich, später kann man auch WLAN nutzen. Ohne Internetzugang sind viele Funktionen des Raspberry Pi nicht sinnvoll nutzbar.

RASPBERRY PI HAT KEINE UHR

Im Raspberry Pi ist kein batteriegepufferter Uhrenchip eingebaut. Die Uhrzeit wird üblicherweise mit einem Zeitserver im Internet abgeglichen. Hatten Sie den Raspberry Pi längere Zeit vom Stromnetz getrennt und betreiben ihn danach offline, kann die Uhrzeit verloren gegangen sein.

1.5.5   HDMI-Kabel für den Bildschirmanschluss

Der Raspberry Pi kann per HDMI-Kabel an Monitore oder Fernseher angeschlossen werden. Zum Anschluss an Computermonitore mit DVI-Anschluss
gibt es spezielle HDMI-Kabel oder Adapter. HDMI-Kabel sind im Elektronikhandel zu Preisen erhältlich, die fast dem Preis des Raspberry Pi selbst entsprechen. Bei Onlineversendern (z. B. *amzn.to/VGv05j*) bekommt man sie
einschließlich Versand für wenige Euro. VGA-Monitore werden leider nicht
unterstützt. Im Internet findet man Adapter von HDMI auf VGA für wenige
Euro, im Elektronikhandel kosten sie allerdings deutlich mehr als der Raspberry Pi selbst.

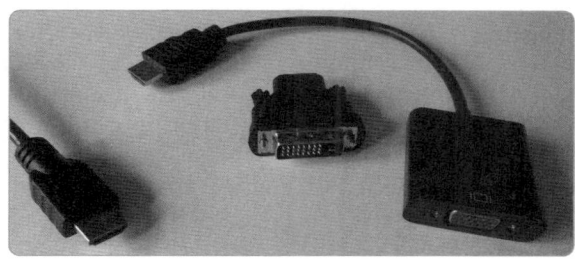

Bild 1.6: Adapter HDMI/DVI
und HDMI/VGA (mit Kabel)

1.5.6   Audiokabel für den Lautsprecheranschluss

Über ein Audiokabel mit 3,5-mm-Klinkenstecker können Kopfhörer oder
PC-Lautsprecher am Raspberry Pi genutzt werden. Das Audiosignal ist auch
über das HDMI-Kabel verfügbar. Bei HDMI-Fernsehern oder -Monitoren ist
kein Audiokabel nötig. Wird ein PC-Monitor über ein HDMI-Kabel mit DVI-
Adapter angeschlossen, geht meist an dieser Stelle das Audiosignal verloren,
sodass Sie den analogen Audioausgang wieder brauchen.

1.5.7   FBAS-Videokabel für ältere Fernseher

Steht kein HDMI-Monitor zur Verfügung, kann der Raspberry Pi mit einem
analogen FBAS-Videokabel an einen klassischen Fernseher angeschlossen
werden, wobei die Bildschirmauflösung allerdings sehr gering ist. Die Rasp-
berry-Pi-Modelle A und B hatten noch die klassische gelbe Cinch-Buchse, die
Modelle B+, A+ und Pi 2 verwenden die 3,5mm-Klinkenbuchse sowohl für
Audio, wie auch für Video. Für Fernseher ohne gelben FBAS-Eingang gibt es
Adapter von FBAS auf SCART. Die grafische Oberfläche lässt sich in analoger
Fernsehauflösung allerdings nur mit Einschränkungen bedienen.

2 RASPBIAN: DAS BETRIEBSSYSTEM

Der Raspberry Pi wird ohne Betriebssystem ausgeliefert. Während fast alle PCs Windows verwenden, empfiehlt sich für den Raspberry Pi ein speziell angepasstes Linux. Windows würde auf der sparsamen Hardware gar nicht laufen. Da Linux ein völlig offenes System ist, an dem jeder beliebig basteln kann, sind mittlerweile Hunderte Linux-Varianten verfügbar, fast alle kostenlos und ein paar davon sogar speziell für den Raspberry Pi angepasst.

Raspbian heißt die Linux-Distribution, die vom Hersteller des Raspberry Pi empfohlen und unterstützt wird. Raspbian basiert auf Debian-Linux, einer der bekanntesten Linux-Distributionen, auf der unter anderem auch die populären Linux-Varianten Ubuntu und Knoppix basieren. Wir verwenden für alle Beispiele in diesem Buch die Raspbian-Version »wheezy«. Was bei PCs die Festplatte ist, ist beim Raspberry Pi eine Speicherkarte. Auf dieser befinden sich das Betriebssystem und die Daten, von dieser Speicherkarte bootet der Raspberry Pi auch. Raspbian ist fast 2 GB groß, es empfiehlt sich also mindestens eine 4 GB große Speicherkarte, damit auch noch Platz für Programme und eigene Dateien bleibt.

2.1 Micro-SD-Speicherkarte vorbereiten

Da der Raspberry Pi selber noch nicht booten kann, bereiten wir die Speicherkarte auf dem PC vor. Dazu braucht man einen Kartenleser am PC. Dieser kann fest eingebaut oder per USB angeschlossen werden. Wer noch keinen Kartenleser hat, besorgt sich am besten einen kleinen Kartenleser in USB-Stick-Form. Die einfachen Modelle, die nur Micro-SD-Karten lesen, reichen völlig aus, da andere Kartenformate inzwischen weitgehend ungebräuchlich sind. Diese USB-Sticks können später auch an den Raspberry Pi angeschlossen werden, um neben der Karte mit dem Betriebssystem noch eine weitere Speicherkarte zu nutzen. Die Raspberry-Pi-Modelle A und B hatten noch klassische SD-Card-Steckplätze. Um hier Micro-SD-Karten zu nutzen, ist ein Adapter erforderlich, der bei neuen Micro-SD-Karten häufig bereits mitgeliefert wird.

Verwenden Sie am besten fabrikneue Speicherkarten, da diese vom Hersteller bereits optimal vorformatiert sind. Sie können aber auch eine Speicherkarte verwenden, die vorher bereits in einer Digitalkamera oder einem Smartphone genutzt wurde. Diese Speicherkarten sollten vor der Verwendung für den

Raspberry Pi neu formatiert werden. Theoretisch können Sie dazu die Formatierungsfunktionen von Windows verwenden. Deutlich besser ist die Software SDFormatter der SD Association. Damit werden die Speicherkarten für optimale Performance formatiert. Dieses Tool können Sie bei *www.sdcard.org/downloads/formatter_4* kostenlos herunterladen.

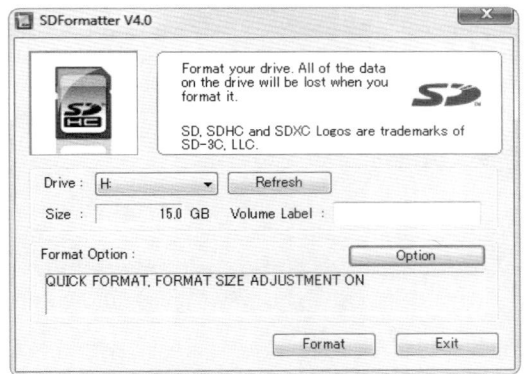
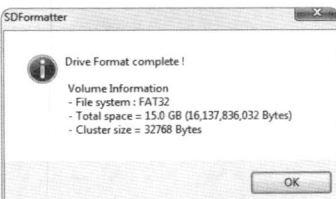

Bild 2.1: Das SDFormatter-Tool unter Windows in Aktion

Sollte die Speicherkarte Partitionen aus einer früheren Betriebssysteminstallation für den Raspberry Pi enthalten, wird im SDFormatter nicht die vollständige Größe angezeigt. Verwenden Sie in diesem Fall die Formatierungsoption *FULL (Erase)* und schalten Sie die Option *Format Size Adjustment* ein. Damit wird die Partitionierung der Speicherkarte neu angelegt.

SPEICHERKARTE WIRD GELÖSCHT

Am besten verwenden Sie eine leere Speicherkarte für die Installation des Betriebssystems. Sollten sich auf der Speicherkarte Daten befinden, werden diese durch die Neuformatierung während der Betriebssysteminstallation unwiderruflich gelöscht.

2.2   Komfortable Installation mit NOOBS

New Out Of Box Software (NOOBS) ist ein komfortabler Installer für Raspberry-Pi-Betriebssysteme. Hier braucht sich der Benutzer nicht mehr selbst mit Image Tools und Bootblöcken auseinanderzusetzen, um eine bootfähige Speicherkarte einzurichten. NOOBS bietet sechs verschiedene Betriebssysteme zur Auswahl, wobei man beim ersten Start direkt auf dem Raspberry Pi das gewünschte Betriebssystem auswählen kann, das dann bootfähig auf der Speicherkarte installiert wird.

Bild 2.2: Die offizielle Downloadseite für NOOBS und andere Betriebssysteme für den Raspberry Pi

Laden Sie sich das etwa 750 MB große Installationsarchiv für NOOBS von der offiziellen Downloadseite *www.raspberrypi.org/downloads* herunter und entpacken Sie es am PC auf eine mindestens 4 GB große Speicherkarte.

Starten Sie jetzt den Raspberry Pi mit dieser Speicherkarte. Nach wenigen Sekunden erscheint ein Auswahlmenü, in dem Sie das gewünschte Betriebs-

system wählen können. Für dieses Buch verwenden wir das von der Raspberry-Pi-Stiftung empfohlene Betriebssystem Raspbian. Weiterhin enthält
NOOBS noch ein rein kommandozeilenbasiertes, sehr schnelles Linux namens *Archlinux* und zwei verschiedene Varianten des Media Centers XMBC,
OpenELEC und OSMC. Pidora ist ein auf Fedora Linux basierendes Linux-
Betriebssystem. RiscOS ist ein speziell für den ARM-Prozessor entwickeltes
eigenständiges Betriebssystem mit grafischer Oberfläche, das mit Linux nichts
zu tun hat. Die anderen Betriebssysteme außer Raspbian sind allerdings nicht
offline auf der Speicherkarte, sondern werden während der Installation erst
heruntergeladen.

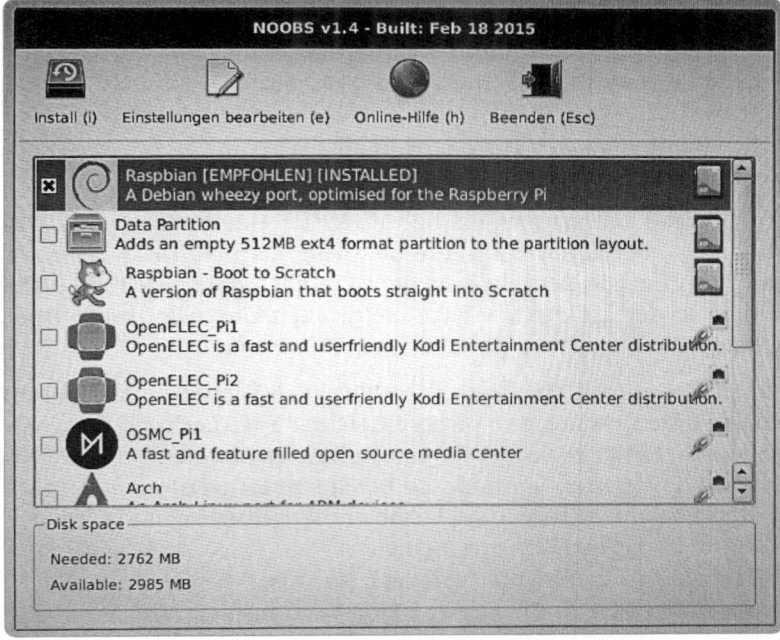

Bild 2.3: Der Auswahlbildschirm zur Betriebssysteminstallation

Wählen Sie ganz unten *Deutsch* als Installationssprache und setzen Sie dann
ein Kreuz beim vorausgewählten Raspbian-Betriebssystem. Nach Bestätigung
einer Sicherheitsabfrage, dass die Speicherkarte überschrieben wird, startet
die Installation, die einige Minuten dauert. Während der Installation werden
kurze Informationen zu Raspbian angezeigt.

Nach abgeschlossener Installation bootet der Raspberry Pi neu und startet automatisch das Konfigurationstool *raspi-config*.

ANDERES BETRIEBSSYSTEM AUSPROBIEREN

NOOBS bleibt auf der Speicherkarte installiert. Halten Sie beim Booten die ⌂-Taste gedrückt, erscheint das Auswahlmenü, in dem Sie ein anderes Betriebssystem installieren können. Bedenken Sie dabei aber, dass alle persönlichen Einstellungen, eigene Dateien und nachträglich installierte Programme bei der Neuinstallation verloren gehen. Ab Version 1.3.0 bietet NOOBS sogar die Möglichkeit, mehrere Betriebssysteme auf einer Speicherkarte zu installieren und jedes Mal beim Start das gewünschte Betriebssystem auszuwählen.

2.3 Klassische Installation mit einem Image

Bevor es NOOBS gab, musste man ein Betriebssystem-Image auf dem PC auf die Speicherkarte übertragen und diese bootfähig machen. Diese Methode wird immer noch für alle Betriebssysteme verwendet, die bei NOOBS nicht enthalten sind. In der Linkliste bei *www.softwarehandbuch.de/raspberry-pi* finden Sie eine Auflistung der erhältlichen Betriebssysteme.

Sie können auf diesem Weg aber auch ältere Raspbian-Versionen installieren, wenn Sie diese testen wollen. Zur Vorbereitung der Speicherkarte brauchen Sie ein Programm, mit dem sich solche Image-Dateien auf die Speicherkarte übertragen lassen. Die Datei kann nicht einfach kopiert werden, sie enthält die komplette Verzeichnisstruktur des Raspbian-Betriebssystems, das auf der Speicherkarte bootfähig installiert werden muss. Hier verwenden wir das kostenlose USB Image Tool von *www.alexpage.de*.

❶ Image-Dateien verschiedener Betriebssysteme finden Sie bei *www.raspberry-pi.org/downloads*. Das ZIP-Archiv zum Download des Raspbian-»wheezy«-Betriebssystems ist etwa 800 MB groß. Nach dem Entpacken auf der Festplatte des PCs ergibt sich eine fast 3 GB große Image-Datei mit der Endung *.img*.

❷ Stecken Sie die Speicherkarte in den Kartenleser und starten Sie das USB Image Tool. Wählen Sie oben links den *Device Mode* und klicken Sie auf das Symbol der Speicherkarte. Rechts sehen Sie technische Daten der Speicherkarte sowie das standardmäßig darauf vorhandene logische Laufwerk.

❸ Wählen Sie mit *Restore* das Image aus und starten Sie den Kopiervorgang, der einige Minuten dauern kann, wobei die Speicherkarte neu formatiert wird. Alle vorher darauf befindlichen Daten gehen verloren. Nach Abschluss ist die Speicherkarte fertig vorbereitet.

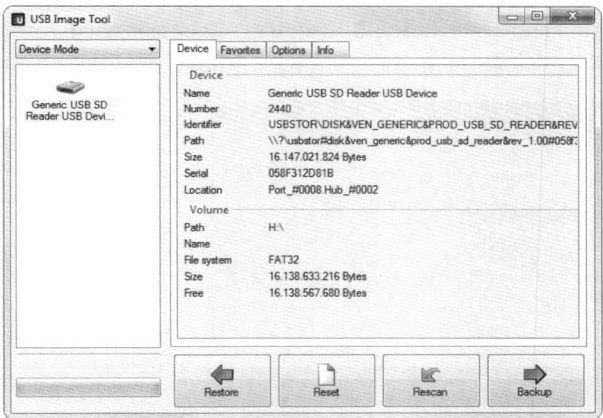

Bild 2.4: Das Raspbian-Betriebssystem wird vom PC auf der Speicherkarte installiert.

> **VORSICHT**
>
> Lassen Sie bei der Bedienung des USB Image Tools und vergleichbarer Software äußerste Vorsicht walten. Bei Fehlbedienung formatieren Sie schnell die Festplatte des PCs anstelle der Speicherkarte.

2.4 Raspberry Pi zum ersten Mal booten

Jetzt können Sie den Raspberry Pi zum ersten Mal wirklich booten. Stecken Sie dazu die Speicherkarte in den Steckplatz und schließen Sie Tastatur, Maus, Monitor und Netzwerkkabel an. Der USB-Stromanschluss kommt als Letztes. Damit wird der Raspberry Pi eingeschaltet. Einen separaten Einschaltknopf gibt es nicht.

Der Raspberry Pi bootet und zeigt dabei auf einem schwarzen Bildschirm diverse Linux-Kommandos, die schnell durchrauschen.

Am Ende erscheint automatisch ein Konfigurationstool, mit dem sich ein paar wichtige Grundeinstellungen vornehmen lassen. Dieses Tool kann nicht mit der Maus bedient werden. Verwenden Sie die Pfeiltasten und die ⏎-Taste der Tastatur. Die Bestätigungsschaltflächen *Select* bzw. *OK* und *Abbrechen* erreicht man mit der ⇆-Taste. Einige Veränderungen dauern ein paar Sekunden, während derer ein schwarzer Linux-Bildschirm angezeigt wird. An manchen Stellen steht extra noch dabei *this might take a while*. Nicht wundern!

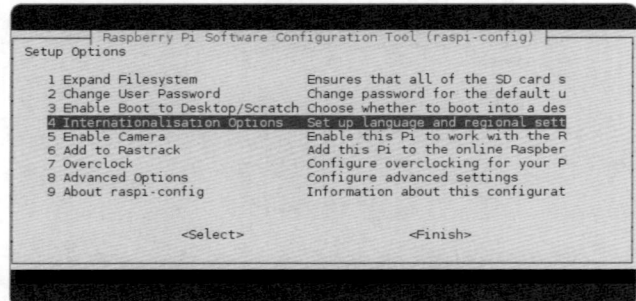

Bild 2.5:
Das Konfigurations-
tool *raspi-config*

Haben Sie Raspbian über den NOOBS-Installer installiert, brauchen Sie hier nur noch zwei Einstellungen vorzunehmen, der Rest ist bereits richtig konfiguriert.

❶ Wichtig ist, die Zeitzone einzustellen, da der Raspberry Pi keine eigene interne Uhr hat, sondern seine Zeiteinstellung aus dem Internet von einem Zeitserver holt. Die Einstellung finden Sie unter *Internationalisation Options*. Wählen Sie hier *Change Timezone*, dann *Europa* und *Berlin* aus, damit der Raspberry Pi die richtige Zeit verwendet.

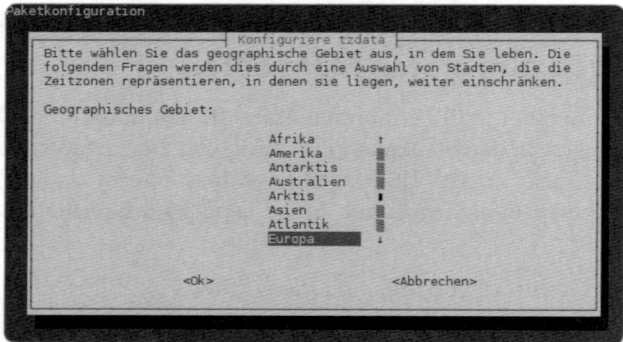

Bild 2.6:
Geografisches
Gebiet für die Zeit-
zone auswählen

❷ Wählen Sie unter *Enable Boot to Desktop/Scratch* die Option *Desktop Log in as user 'pi' at the graphical desktop,* damit der Raspberry Pi direkt die grafische Oberfläche bootet. Andernfalls würden Sie nach dem Start auf der Linux-Kommandozeile landen.

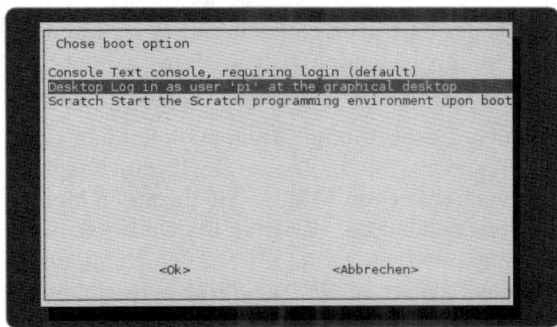

Bild 2.7:
Grafischen Desktop
beim Booten starten

❸ Nachdem Sie diese Grundkonfiguration vorgenommen haben, springen Sie mit der ⇆-Taste unten auf *Finish* und beantworten danach die Frage nach einem Neustart mit *Ja.*

2.5   Manuelle Konfiguration mit raspi-config

Haben Sie Raspbian nicht über NOOBS installiert oder sollten Sie später das Konfigurationstool raspi-config noch einmal brauchen, um eine Einstellung zu ändern, starten Sie es in einem LXTerminal-Fenster oder direkt von der Kommandozeile mit:

```
sudo raspi-config
```

WAS BEDEUTET SUDO?

Der auf dem Raspberry Pi standardmäßig angemeldete Benutzer pi ist ein typischer eingeschränkter Linux-Benutzer. Für administrative Arbeiten am System werden Superuser-Rechte benötigt. Diese bekommt man mit einem vorangestellten sudo vor einem Linux-Kommando. Auf einem »großen« Linux-System muss dabei das root-Passwort eingegeben werden. Auf dem Raspberry Pi hat der Superuser root kein Passwort.

❶ Falls Sie nicht NOOBS verwenden, machen Sie als Erstes die gesamte Speicherkarte für den Raspberry Pi nutzbar. Die Raspbian-Image-Datei ist etwa
2,8 GB groß. Damit ist das verfügbare Dateisystem für den Raspberry Pi
am Anfang auch nur 2,8 GB groß. Der Menüpunkt *Expand Filesystem* ver-
größert das Dateisystem auf die gesamte Größe der Speicherkarte. Wer,
wie empfohlen, eine 4 GB oder 8 GB große Speicherkarte verwendet, kann
dann entsprechend auch knapp 4 GB oder 8 GB auf dem Raspberry Pi nutzen. Diese Änderung wird erst nach dem nächsten Neustart wirksam.

❷ Viele Programme, wie auch dieses Konfigurationstool, können statt eng-
lischen auch deutsche Texte ausgeben. Teilen Sie Ihrem Raspberry Pi
einfach mit, dass Sie deutsch sprechen. Wählen Sie dazu den Menüpunkt
Internationalisation Options und auf der nächsten Bildschirmseite *Change
Locale*. Bestätigen Sie den ersten Dialog mit ⏎ . Jetzt erscheint eine lange
Liste von Sprachen. Wählen Sie hier *de_DE.UTF-8 UTF-8*. Nachdem Sie mit
dem Cursor dort angekommen sind, drücken Sie die ⎵Leertaste⎵ , um die
Auswahl zu bestätigen. Springen Sie mit der ⇥ -Taste auf *OK* und wählen Sie auf dem nächsten Bildschirm ebenfalls *de_DE.UTF-8* aus. Auch das
muss noch mit *OK* bestätigt werden.

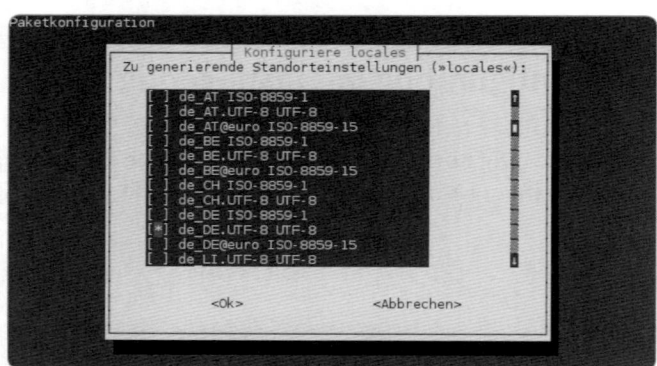

Bild 2.8: Anzeigesprache auswählen

❸ Stellen Sie den Raspberry Pi auf die deutsche Tastatur um, um nicht immer
Y und Z vertauschen zu müssen. Wählen Sie dazu unter *Internationalisation Options* den Menüpunkt *Change Keyboard Layout*. Nach einigen Sekunden erscheint eine Liste mit zahlreichen verschiedenen Tastaturlayouts.
In den allermeisten Fällen, solange man eine normale PC-Tastatur verwendet, ist die *Generische PC-Tastatur mit 105 Tasten (Intl)* die richtige Wahl.

Viel wichtiger ist die Tastaturbelegung. Wählen Sie hier zunächst *Other*, um eine Auswahl an Tastaturen zu bekommen, die über den englischen Sprachraum hinaus reichen, und suchen Sie in dieser Liste die einfache deutsche Tastatur *Deutsch* bzw. *German*. Auf den nächsten Bildschirmen wählen Sie *Der Standard für die Tastaturbelegung* und *Keine Compose-Taste*. Die letzte Frage, ob die Tastenkombination ⎡Strg⎤ + ⎡Alt⎤ + ⎡Zurück⎤ (⎡Ctrl⎤ + ⎡Alt⎤ + ⎡Backspace⎤) den X-Server beenden soll, beantworten Sie am besten mit *Ja*. Dann können Sie, wenn wirklich einmal ein Programm auf der grafischen Oberfläche hängen bleibt, dieses mit der angegebenen Tastenkombination komplett beenden und anschließend wieder neu starten.

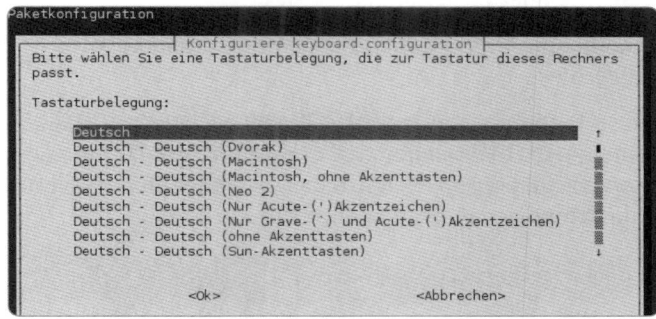

Bild 2.9: Tastaturlayout auswählen

SEIT ÜBER 140 JAHREN UNVERÄNDERT

Das in Deutschland verwendete QWERTZ-Tastaturlayout basiert bis auf minimale Unterschiede auf dem vom amerikanischen Buchdrucker Christopher Latham Sholes entworfenen QWERTY-Layout. Dieses ist so ausgelegt, dass man englische Texte ergonomisch einigermaßen schnell schreiben kann, aber auch nicht zu schnell. Das Tastaturlayout sollte vor allem verhindern, dass sich auf den damaligen Schreibmaschinen die Typenhebel häufig aufeinanderfolgender Buchstaben beim schnellen Tippen verhaken. Obwohl dieses Problem auf Computertastaturen längst nicht mehr besteht, hat sich die Tastenanordnung seit der Patentanmeldung im Jahre 1868 fast nicht geändert. In neuerer Zeit gab es einige Versuche, die Anordnung der Tasten zu optimieren, um Verkrampfungen beim Schreiben zu verhindern. Die bekanntesten sind die *Dvorak*-Tastatur und die *Neo2*-Tastatur. Beide werden vom Raspberry Pi unterstützt, aber keine davon konnte sich auch nur ansatzweise durchsetzen.

❹ Unter *Advanced Options/Ssh* muss der SSH-Server mit *Enable* eingeschaltet sein, um über das Netzwerk auf den Raspberry Pi zugreifen zu können.

Nachdem Sie diese Grundkonfiguration vorgenommen haben, springen Sie mit der ⇆-Taste unten auf *Finish* und beantworten danach die Frage nach einem Neustart mit *Ja*. Der Raspberry Pi startet neu, was wesentlich schneller als bei einem PC geht. Jetzt wird direkt der grafische Desktop gestartet.

2.5.1   Audioausgang festlegen

Der Raspberry Pi verfügt über zwei Audioausgabekanäle:

❶ Am analogen Audioanschluss können Kopfhörer, Lautsprecher oder Stereoanlagen angeschlossen werden.

❷ Das Audiosignal wird auch über das HDMI-Kabel ausgegeben und kommt so direkt auf einem HDMI-Fernseher an. PC-Monitore mit DVI-Eingang, an den sich über einen Adapter ein HDMI-Kabel anschließen lässt, verarbeiten meist nur das Videosignal, nicht aber das Audiosignal.

Bild 2.10:   Anschlüsse am Raspberry Pi 2 oben (v. l. n. r.): analoges Audio, HDMI, Micro-USB-Stromversorgung; links: Netzwerk, USB; unten: GPIO

Wenn Sie keinen HDMI-Fernseher mit HDMI-Audio, sondern einen Computermonitor per DVI-Anschluss und HDMI-Adapter angeschlossen haben, benötigen Sie externe Lautsprecher an der 3,5-mm-Klinkenbuchse. Um diese auch nutzen zu können, wählen Sie unter *Advanced Options/Audio* die Option *Force 3.5mm ('headphone') jack*.

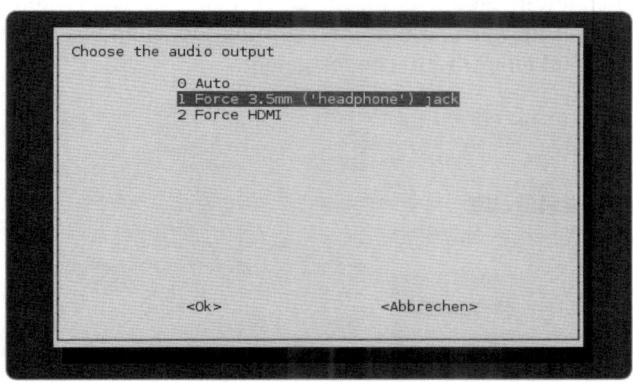

Bild 2.11: 3,5-mm-Audioausgang aktivieren

2.5.2 Zeiteinstellung über Kommandozeilenbefehl

Haben Sie keine Internetverbindung, zeigt der Raspberry Pi eine ungültige Uhrzeit an. Sie können in solchen Fällen über einen Kommandozeilenbefehl die richtige Zeit einstellen, z. B.:

```
sudo date "0507090015"
```

Die Einstellung wird anschließend mit einer Klartextanzeige von Datum und Uhrzeit quittiert:

```
Do 7. Mai 09:00:00 CEST 2015
```

Diese Zeiteinstellung gilt nur bis zum nächsten Neustart. Es gibt keine batteriegepufferte Uhr. Sobald der Raspberry Pi eine Internetverbindung hat, wird automatisch die richtige Zeit angezeigt.

3 DER RASPBIAN-DESKTOP

Viele schrecken bei dem Wort Linux erst einmal zurück, weil sie befürchten, kryptische Befehlsfolgen per Kommandozeile eingeben zu müssen, wie vor 30 Jahren unter DOS. Weit gefehlt! Linux bietet als offenes Betriebssystem den Entwicklern freie Möglichkeiten, eigene grafische Oberflächen zu entwickeln. So ist man als Anwender des im Kern immer noch kommandozeilenorientierten Betriebssystems nicht auf eine Oberfläche festgelegt.

Bild 3.1: Der LXDE-Desktop auf dem Raspberry Pi

Das Raspbian-Linux für den Raspberry Pi verwendet die Oberfläche LXDE (Lightweight X11 Desktop Environment), die einerseits sehr wenig Systemressourcen benötigt und andererseits mit ihrem Startmenü und dem Dateimanager der Windows-Oberfläche sehr ähnelt. In neueren Versionen des Raspbian-Desktops ist die Taskleiste oben, statt unten, wie von Windows bekannt.

Das Menü-Symbol ganz links in der Taskleiste öffnet das Startmenü, die Symbole daneben den Webbrowser, den Dateimanager und ein LXTerminal-Kommandozeilenfenster. Das Startmenü ist wie unter Windows mehrstufig aufgebaut. Häufig verwendete Programme lassen sich mit einem Rechtsklick auf dem Desktop ablegen.

3.0.1 Taskleiste an den unteren Bildschirmrand legen

Möchten Sie, wie von Windows gewohnt, die Taskleiste lieber am unteren Bildschirmrand haben, klicken Sie mit der rechten Maustaste auf einen leeren Bereich der Taskleiste und wählen im Kontextmenü *Panel-Einstellungen*. Wählen Sie im nächsten Dialogfeld bei *Position* die Option *Unten* und klicken Sie dann wieder auf *Schließen*.

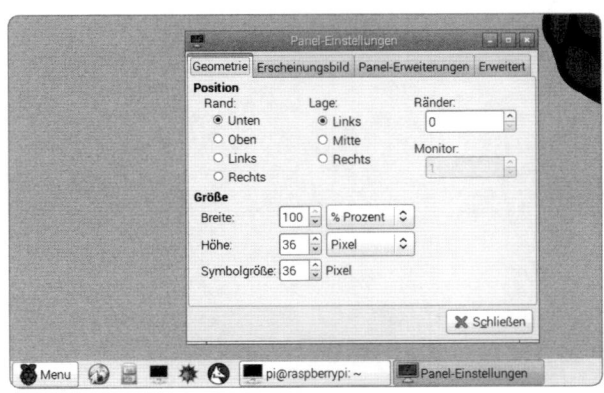

Bild 3.2: Taskleiste am unteren Bildschirmrand

3.1 Dateimanagement auf dem Raspberry Pi

Das Dateimanagement läuft unter Linux zwar etwas anders als unter Windows, es ist aber auch nicht schwieriger. Raspbian bringt einen Dateimanager mit, der dem Windows-Explorer täuschend ähnlich sieht. Ein wichtiger Unterschied zu Windows: Linux trennt nicht strikt nach Laufwerken, sondern alle Dateien befinden sich in einem gemeinsamen Dateisystem.

Unter Linux legt man alle eigenen Dateien grundsätzlich nur unterhalb des eigenen Home-Verzeichnisses ab. Hier heißt es */home/pi* nach dem Benutzernamen pi. Linux verwendet den einfachen Schrägstrich zur Trennung von Verzeichnisebenen (/), nicht den von Windows bekannten Backslash (\).

Der Dateimanager, den man über das Startmenü unter *Zubehör* oder auch über ein Taskleistensymbol starten kann, zeigt standardmäßig auch nur dieses Home-Verzeichnis an. Einige Programme legen dort automatisch Unterverzeichnisse an.

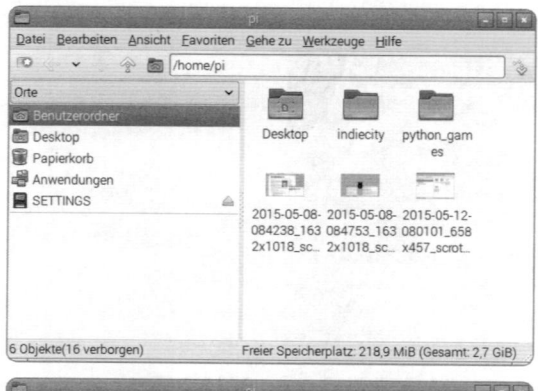

Bild 3.3: Der Dateimanager auf dem Raspberry Pi in zwei verschiedenen Darstellungen

Wer wirklich alles sehen möchte, auch die Dateien, die den normalen Benutzer nichts angehen, schaltet den Dateimanager oben links von *Orte* auf *Verzeichnisbaum* um. Dann noch im Menü unter *Ansicht/Ordneransicht* die Option *Detailansicht* wählen und die Anzeige sieht aus, wie man sich Linux vorstellt.

WIE VIEL PLATZ IST AUF DER SPEICHERKARTE FREI?

Nicht nur Festplatten von PCs sind ständig voll – bei der Speicherkarte des Raspberry Pi kann das noch viel schneller gehen. Umso wichtiger ist es, den freien und den belegten Platz auf der Speicherkarte immer im Blick zu haben. Die Statuszeile des Dateimanagers am unteren Fensterrand zeigt rechts den freien und den Gesamt-Speicherplatz auf der Speicherkarte.

Um zu sehen, wie viel Speicherplatz Ihre eigenen Dateien auf dem Raspberry Pi belegen, können Sie sich auch die Größe eines Verzeichnisses anzeigen lassen.

Bild 3.4: Eigenschaften und Größe eines Verzeichnisses

Klicken Sie dazu, wenn Sie sich im Dateimanager im Home-Verzeichnis befinden, auf den Pfeil nach oben, um eine Verzeichnisebene höher zu springen. Klicken Sie dort mit der rechten Maustaste auf das Symbol Ihres Home-Verzeichnisses pi und wählen Sie im Kontextmenü *Dateieigenschaften*. Hier wird die Gesamtgröße aller Dateien angezeigt, dazu der tatsächlich auf der Speicherkarte benutzte Speicherplatz. Dieser kann bedingt durch die Clustergröße der Speicherkarte deutlich größer sein, wenn sehr viele kleine Dateien abgelegt werden. Das ist z. B. beim Browser-Cache der Fall.

3.2   Dateien auf den PC oder vom PC kopieren

Im Laufe der Zeit sammeln sich auf dem Raspberry Pi wie auf dem PC jede Menge persönliche Daten an, die man nicht verlieren möchte, wenn die Speicherkarte auf einmal den Geist aufgibt – und das passiert bei Speicherkarten öfter als bei Festplatten.

Ob man nun seine Daten vom Raspberry Pi sicherheitshalber auf den PC kopieren oder Bilder und andere Daten vom PC auf den Raspberry Pi übertragen möchte, die Geräte müssen miteinander verbunden werden. Die physikalische Verbindung ist über das Netzwerk bereits da, es muss nur noch logisch der Zugriff vom PC geschaffen werden.

❶ Wenn Sie bei der Einrichtung des Raspberry Pi bereits den SSH-Server aktiviert haben, ist auf der Serverseite bereits alles getan. Wenn nicht, holen Sie das einfach nach. Starten Sie dazu das *LXTerminal* vom Desktop, und geben Sie dort ein:

```
sudo raspi-config
```

❷ Wählen Sie mit den Pfeiltasten die Zeile *Advanced Options* und auf dem nächsten Bildschirm *SSH*, drücken Sie die ⊞Enter⊞-Taste und wählen Sie auf dem nächsten Bildschirm *Enable*. Bestätigen Sie den nächsten Bildschirm mit *OK* und verlassen Sie das Konfigurationstool mit *Finish*.

❸ Der Raspberry Pi arbeitet hier als Server, der vom PC, dem Client, gesteuert wird. Jetzt brauchen Sie auf dem PC nur noch ein geeignetes Tool zur Verbindung und Datenübertragung. Wer unter Windows nur den Explorer und keinen besonderen Dateimanager nutzt, bekommt mit WinSCP (*winscp.net/de*) ein komfortables Übertragungsprogramm für SCP-Verbindungen, wie sie auf dem Raspberry Pi verwendet werden.

❹ Beim ersten Start fragt WinSCP nach einer neuen Verbindung. Dazu brauchen Sie die IP-Adresse des Raspberry Pi im lokalen Netzwerk. Starten Sie dazu das *LXTerminal* vom Raspbian-Desktop, und geben Sie dort ein:

```
hostname -I
```

Bild 3.5: Anzeige der lokalen IP-Adresse des Raspberry Pi mit hostname -I

❺ Wählen Sie im WinSCP-Anmeldungsdialog bei *Übertragungsprotokoll SCP* aus, tragen Sie bei *Rechnername* die IP-Adresse des Raspberry Pi ein, und lassen Sie bei *Portnummer* die voreingestellte 22 stehen. Geben Sie dann im Feld *Benutzername* pi ein und im Feld *Kennwort* raspberry. Benutzername und Kennwort müssen beide klein geschrieben sein, Linux nimmt es da sehr genau.

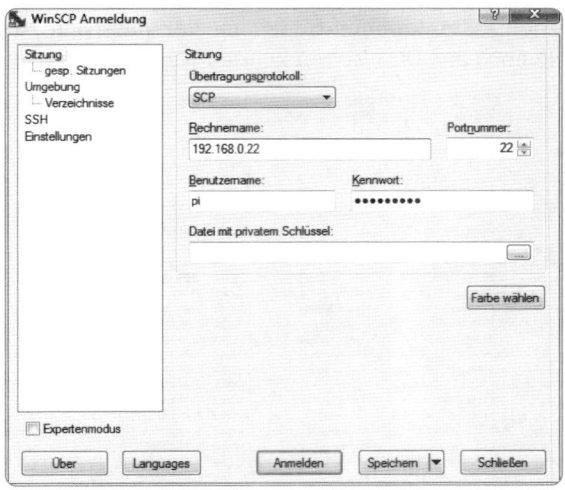

Bild 3.6: Neue Verbindung in WinSCP einrichten

❻ Klicken Sie unten auf *Speichern* und schalten Sie im nächsten Dialogfeld den Schalter *Passwort speichern* ein, obwohl WinSCP dies nicht empfiehlt. Hier gibt es keine Sicherheitsbedenken, da sowieso jeder das Passwort für den Raspberry Pi kennt und dieser auch nicht über das Internet erreichbar ist.

❼ Klicken Sie jetzt auf *Anmelden*, stellt WinSCP eine Verbindung her.

WARNUNGEN BEIM VERBINDUNGSAUFBAU

Alle Sicherheitswarnungen beim Verbindungsaufbau können Sie einfach bestätigen. Sie brauchen keine Sicherheitsschlüssel, die Verbindung ist sicher. Sie läuft im lokalen Netzwerk und nicht über das Internet.

❽ Nach wenigen Sekunden zeigt WinSCP einen eigenen Dateimanager in übersichtlicher Zwei-Fenster-Gestaltung. Das rechte Fenster zeigt das Home-Verzeichnis des Raspberry Pi, das linke die lokale Festplatte des PCs. Hier können Sie in beiden Richtungen Dateien kopieren. Der Dateimanager bietet komfortable Funktionen, um Verzeichnisse zu vergleichen oder zu synchronisieren, und er zeigt auf dem Raspberry Pi in leichtem Grau auch die Dateien an, die Linux normalerweise versteckt. WinSCP verwendet übrigens die gleichen Tastenkombinationen wie der klassische Norton Commander, den viele noch aus DOS-Zeiten kennen werden.

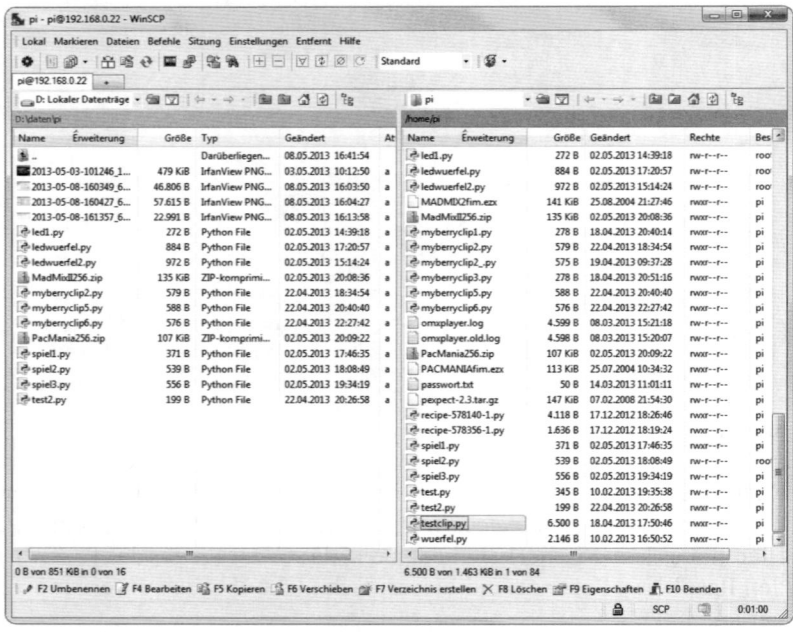

Bild 3.7: Datenübertragung zwischen PC und Raspberry Pi mit WinSCP

VERZEICHNISSTRUKTUR BEACHTEN

Obwohl WinSCP es auch anders ermöglichen würde – kopieren Sie eigene Dateien auf den Raspberry Pi nur in das Verzeichnis */home/pi* bzw. in darunterliegende Verzeichnisse!

❾ WinSCP speichert Adresse und Anmeldedaten. Beim nächsten Start brauchen Sie nur auf die gespeicherte Verbindung zu klicken und keine Daten mehr einzugeben. Das funktioniert auf diese Weise, solange der Raspberry Pi die gleiche IP-Adresse hat. Diese kann sich z. B. bei einem Reset des Routers ändern. Stellen Sie in diesem Fall wieder auf dem Raspberry Pi die IP-Adresse fest und ändern Sie sie in der Verbindung in WinSCP.

3.2.1 Datenübertragung mit Total Commander

Viele Windows-Nutzer sind mit dem vorinstallierten Explorer unzufrieden und längst auf einen komfortableren Dateimanager umgestiegen. Eines der beliebtesten derartigen Tools ist der Total Commander (*www.totalcommander.de*). Dieser kann auch zur Datenübertragung mit dem Raspberry Pi verwendet werden, man braucht nur ein SFTP-Plugin.

❶ Laden Sie bei *www.ghisler.com/dplugins.htm* das SFTP-Plugin herunter und installieren Sie es im Total Commander. Zusätzlich sind einige DLL-Dateien erforderlich, deren Downloadlinks für 32-Bit-Windows und 64-Bit-Windows auf der Seite mit angegeben sind. Kopieren Sie diese in das Plugin-Verzeichnis des Total Commander.

❷ Richten Sie jetzt die Verbindung ein. Schalten Sie dazu eines der Fenster des Total Commander (im Beispiel das rechte) auf Netzwerkumgebung. Hier erscheint jetzt ein neuer Eintrag *Secure FTP*. Drücken Sie die Taste F7 . Damit wird in diesem Fall kein neues Verzeichnis, sondern eine Verbindung angelegt. Geben Sie dieser einen Namen, z. B. *RaspberryPi*.

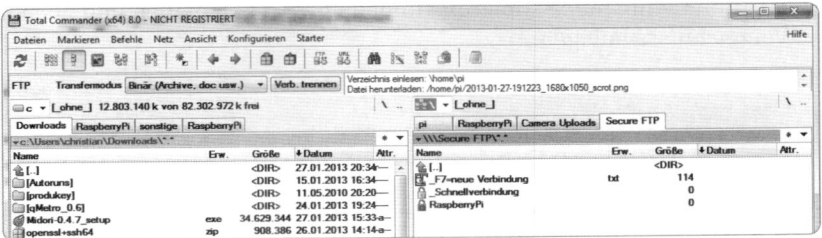

Bild 3.8: Total Commander mit Plugin *Secure FTP*

❸ Geben Sie im nächsten Dialogfeld die IP-Adresse, den Benutzernamen und das Kennwort des Raspberry Pi ein, wie weiter oben bei WinSCP beschrieben. Wählen Sie oben rechts *IPv4* aus und schalten Sie im unteren Bereich den Schalter *Benutze SCP für Transfers* ein. Schließen Sie dieses Dialogfeld anschließend mit *OK*.

Bild 3.9: Verbindung zum Raspberry Pi im Total Commander einrichten

❹ Jetzt können Sie per Doppelklick die Verbindung aufbauen. Wechseln Sie auf dem Raspberry Pi in das Verzeichnis /home/pi, und Sie können Dateien im Total Commander kopieren, umbenennen, verschieben und auch neue Verzeichnisse anlegen.

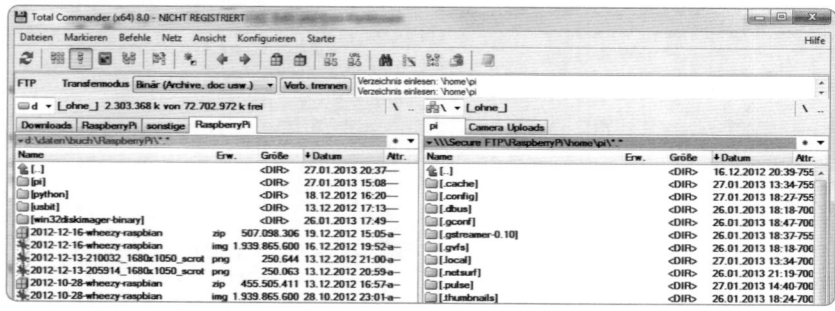

Bild 3.10: Verbindung mit dem Raspberry Pi im Total Commander

DATENSICHERUNG FÜR DEN RASPBERRY PI

Um alle persönlichen Daten des Raspberry Pi auf dem PC zu sichern, kopieren Sie einfach das komplette Verzeichnis /home/pi in ein neues Verzeichnis auf der Festplatte Ihres PCs.

3.2.2   Komplettsicherung der Speicherkarte

Beim Kopieren des Home-Verzeichnisses werden nur die Daten gesichert, nicht aber das Betriebssystem selbst. Sollte die Speicherkarte versagen, müssen Sie Betriebssystem und zuvor installierte Programme wieder neu installieren. Um dem vorzubeugen, hilft nur eine Komplettsicherung der Speicherkarte in eine Image-Datei. Ein einfaches Kopieren aller Daten kopiert den Bootblock nicht mit.

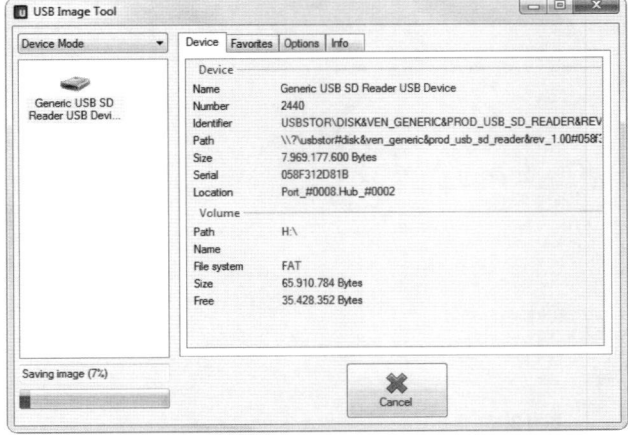

Bild 3.11:
SD-Karte auf dem PC
komplett sichern

Das *USB Image Tool*, das bereits zum Beschreiben der Speicherkarte mit dem Betriebssystem verwendet wurde, kopiert auf einem Windows-PC eine Speicherkarte auch unabhängig von ihrer Partitionierung in eine komprimierte Image-Datei, aus der die Speicherkarte später wiederhergestellt werden kann. Auf diese Weise lassen sich auch fertig installierte Speicherkarten für den Raspberry Pi einfach kopieren.

Wählen Sie links die Speicherkarte und klicken Sie auf *Backup*. Geben Sie jetzt den Namen für die Sicherungsdatei an.

3.3   Der Epiphany-Browser

Der auf dem Raspberry Pi vorinstallierte *Epiphany*-Webbrowser ist ausgesprochen schnell – schneller als (fast) jeder andere – was ihn eigentlich zum optimalen Browser auf leistungsschwacher Hardware macht, aber ihm fehlen leider auch einige der Fähigkeiten moderner Browser. Daher funktionieren einige Webseiten, wie unter anderem YouTube oder die Webversion von Scratch, nicht, andere wie z. B. Flickr funktionieren nur mit Einschränkungen. Für den Alltag, um mal schnell etwas nachzusehen, reicht der Epiphany-Browser aber völlig aus.

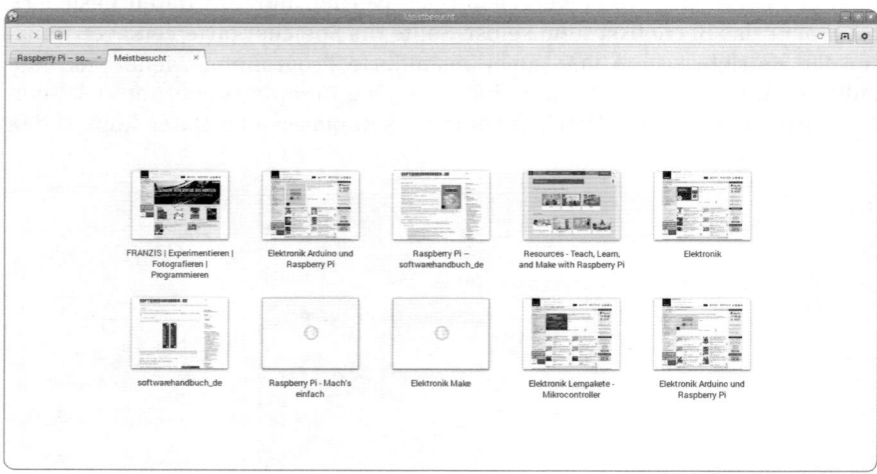

Bild 3.12: Der Epiphany-Browser auf dem Raspberry Pi

Bild 3.13: Der Epiphany-Browser wird über das Weltkugel-Symbol in der Taskleiste gestartet.

Er verfügt über eine interessante Lesezeichenverwaltung. Lesezeichen werden nicht in starre Ordner sortiert, sondern können verschiedenen Themen zugeordnet werden, wobei ein Lesezeichen auch mehreren Themen zugeordnet werden kann. Lesezeichen lassen sich über einen Rechtsklick auf eine Webseite anlegen. Beim Tippen in der Adresszeile werden Stichwörter in Lesezeichen automatisch vorgeschlagen. Eine neue Browserseite zeigt die häufig besuchten Webseiten an.

3.4   Vorinstallierte Programme in Raspbian

Raspbian liefert diverse Programme vorinstalliert mit. Einige davon sind speziell für den Bildungsbereich, für den der Raspberry Pi ursprünglich vorgesehen war. Dazu gehören unter anderem komplette Entwicklungsumgebungen für die Programmiersprachen Python und Scratch.

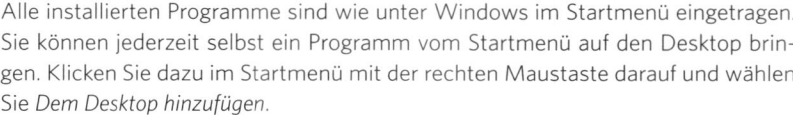

DESKTOPVERKNÜPFUNGEN ANLEGEN

Alle installierten Programme sind wie unter Windows im Startmenü eingetragen. Sie können jederzeit selbst ein Programm vom Startmenü auf den Desktop bringen. Klicken Sie dazu im Startmenü mit der rechten Maustaste darauf und wählen Sie *Dem Desktop hinzufügen*.

3.4.1   Zubehör

Interessante Tools für den Alltag finden sich im Untermenü *Zubehör* des Startmenüs. Die meisten dieser Tools sind ihren Geschwistern aus der Windows-Welt so ähnlich, dass sich jeder PC-Nutzer leicht damit zurechtfinden wird.

Bildbetrachter
Der Bildbetrachter zeigt alle gängigen Bildformate an, bietet Funktionen zum Zoomen, Drehen und Spiegeln des Bildes sowie eine automatische Diaschau.

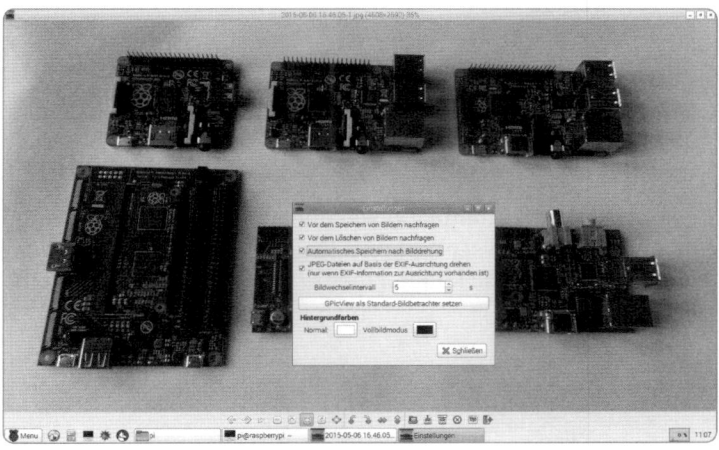

Bild 3.14: In den Einstellungen des Bildbetrachters können Sie das automatische Speichern in der neuen Ausrichtung nach einer Bilddrehung festlegen.

Calculator

Der *Calculator* ist ein komfortabler wissenschaftlicher Taschenrechner, der unter anderem auch im Hexadezimal-, Oktal- und Binärsystem rechnen kann. Auf Wunsch lässt sich die Eingabe auf umgekehrt polnische Notation (RPN) umstellen.

Bild 3.15: Der Calculator in der wissenschaftlichen Ansicht

Dateimanager

Der *Dateimanager* zeigt ähnlich wie der Explorer unter Windows alle Dateien auf dem Raspberry Pi, auf angeschlossenen Laufwerken und auch auf verbundenen Netzwerklaufwerken an. Noch schneller als über das Startmenü starten Sie den Dateimanager über die Taskleiste – hier ist es das zweite Symbol neben dem Startsymbol.

Bild 3.16: Dieses Symbol in der Taskleiste startet den Dateimanager.

LXTerminal

Im *LXTerminal* geben Sie Linux-Kommandozeilenbefehle ein. Dabei können Sie ähnlich wie in einem Webbrowser mehrere Registerkarten, hier als *Reiter* bezeichnet, nutzen. Auf diese Weise können mehrere Programme gleichzeitig laufen.

Bild 3.17: Dieses Symbol in der Taskleiste startet das LXTerminal.

EINFACHER AUFRUF DER LETZTEN BEFEHLE

Mit den Pfeiltasten ⬆ und ⬇ blättern Sie zwischen den zuletzt verwende-ten Befehlszeilen. Auf diese Weise können Sie einen früher verwendeten Befehl schnell wieder nutzen, besonders wenn dieser durch diverse angehängte Parame-ter schwer zu merken war. Diese Befehlsliste wird ständig gespeichert und steht auch nach einem Neustart wieder zur Verfügung.

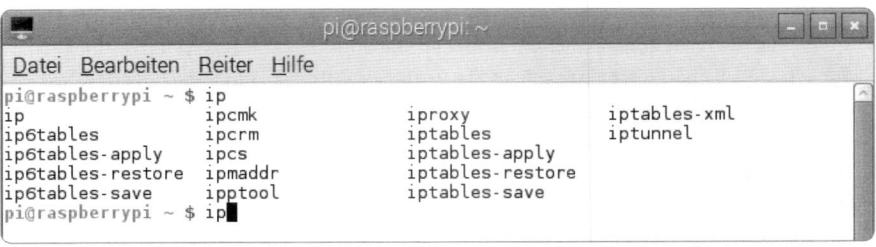

Bild 3.18: Drücken Sie nach der Eingabe einiger Buchstaben die ⇆ -Taste, werden alle Linux-Befehle, die mit der bereits eingegebenen Zeichenfolge anfangen, aufgelistet.

PDF Viewer

Der PDF Viewer ist ein einfacher Betrachter für PDF-Dateien. Dieser wird auch automatisch gestartet, wenn man eine PDF-Datei aus dem Dateimanager öffnet.

Taskmanager

Im *Taskmanager* sehen Sie alle laufenden Prozesse sowie die aktuelle CPU-Aus-lastung und Speicherbelegung. Sollte ein Programm nicht mehr reagieren, su-chen Sie es im Taskmanager, klicken mit der rechten Maustaste darauf und wählen im Kontextmenü *Beenden*. Sollte das nicht helfen, wählen Sie *Kill*.

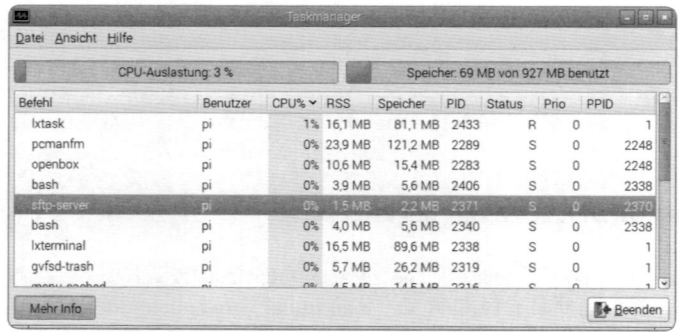

Bild 3.19:
Der Taskmanager

VORSICHT BEIM BEENDEN VON PROZESSEN

Beenden Sie nur Prozesse, die wirklich nicht mehr reagieren, und niemals Prozesse, die Sie nicht kennen. Dies könnte der Stabilität des Betriebssystems erheblich schaden. Sicherheitshalber sollten Sie, wenn Sie vorhaben, Prozesse über den Taskmanager zu beenden, im Menü *Ansicht* nur die eigenen Prozesse anzeigen lassen.

Texteditor Leafpad

Leafpad ist ein komfortabler Texteditor zum Bearbeiten reiner ASCII-Dateien, wie sie unter Linux häufig zur Konfiguration diverser Einstellungen genutzt werden. Der Texteditor ist in den Kontextmenüs aller unterstützten Dateitypen enthalten, sodass Sie das Programm nur selten über das Startmenü aufrufen müssen. Viel einfacher geht es mit einem Rechtsklick auf die zu bearbeitende Datei.

Xarchiver

Xarchiver ist ein vielseitiger Packer und Entpacker, der außer dem unter Windows üblichen ZIP-Format auch alle anderen gängigen Archivformate unterstützt: *arj, bzip2, gzip, lha, lzma 7z, rar, tar, tar.bz2, tar.gz, tar.lzma, tar.lzop, zip.* Linux-Pakete in den Formaten *deb* und *rpm* lassen sich öffnen, aber nicht neu anlegen.

Xarchiver ist in den Kontextmenüs aller unterstützten Dateitypen enthalten und meist auch als Standardanwendung eingetragen, sodass Sie das Programm nur selten über das Startmenü aufrufen müssen. Viel einfacher geht es mit einem Doppelklick auf die zu bearbeitende Datei.

3.5   Eigene Hintergrundbilder für den Desktop

Das Hintergrundbild des Bildschirms, sei es auf dem PC, auf dem Smartphone oder auch auf dem Raspberry Pi, ist ein höchst emotionales Thema. Die einen vertreten äußerst vehement die Meinung, der Bildschirmhintergrund sei das Unwichtigste überhaupt, anderen liegt dieses Bild so am Herzen, dass es je nach Tageslaune ständig geändert werden muss.

Natürlich können Sie sich auch auf dem Raspberry Pi anstelle der schlichten Himbeere eine andere Grafik, ein Strandmotiv oder einen ganzen Himbeerkuchen als Hintergrund auf den Desktop legen.

Bild 3.20: Raspbian-Desktop mit persönlichem Hintergrundbild

Idealerweise hat das Hintergrundbild, wenn es sich nicht um ein kleines Logo handelt, sondern den ganzen Desktop bedecken soll, auch genau dessen Auflösung. Es ergibt keinen Sinn, ein Originalfoto einer hochauflösenden Digitalkamera mit mehreren Megapixeln Auflösung jedes Mal vom Raspberry Pi auf Monitorauflösung herunterskalieren zu lassen.

❶ Skalieren Sie das gewünschte Foto zunächst am PC auf die vom Raspberry Pi verwendete Bildschirmauflösung.

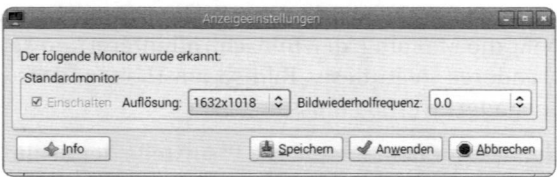

Bild 3.21: Die aktuelle Bildschirmauflösung finden Sie auf dem Raspberry Pi über das Startmenü (*Einstellungen/Bildschirmeinstellungen*).

❷ Übertragen Sie dann das Bild im PNG- oder JPG-Format in Ihr Home-Verzeichnis auf dem Raspberry Pi.

❸ Klicken Sie mit der rechten Maustaste auf den Desktop und wählen Sie im Kontextmenü *Desktop Einstellungen*.

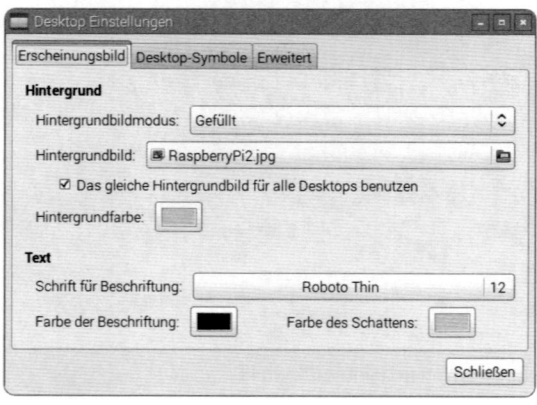

Bild 3.22: Der LXDE-Desktop bietet verschiedene Einstellungen für den Desktop.

❹ Klicken Sie hier auf den Namen des aktuellen Hintergrundbildes. Im nächsten Fenster wählen Sie Ihr gewünschtes Hintergrundbild aus. Über das linke Seitenfenster kommen Sie schnell in Ihr Home-Verzeichnis pi. Sie können oben auf einen Spaltentitel klicken, um die Liste neu zu sortieren, z. B. nach Änderungsdatum.

⑤ Wählen Sie das neue Hintergrundbild aus und klicken Sie auf *Öffnen*. Das Bild wird sofort als Desktophintergrund angezeigt.

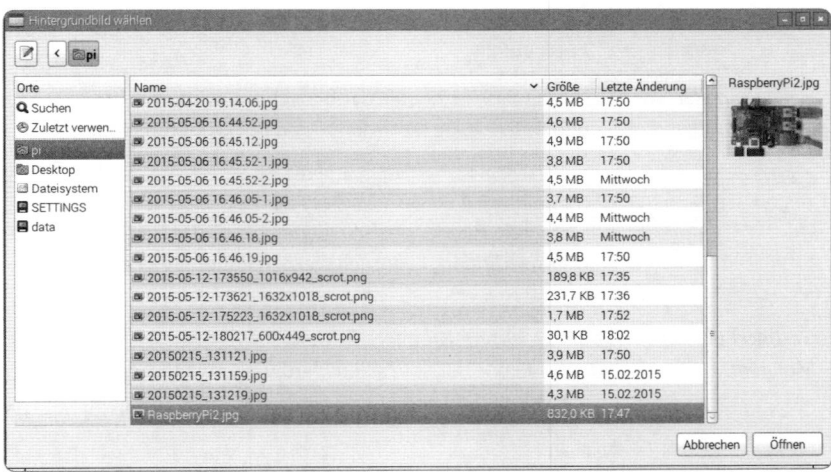

Bild 3.23: Ein angeklicktes Bild wird rechts im Fenster als Vorschau angezeigt.

⑥ Das Dialogfeld *Desktop Einstellungen* bleibt geöffnet. Hier können Sie jetzt noch den *Hintergrundbildmodus* wählen. Dabei stehen verschiedene Optionen zur Wahl:

AUSRICHTUNG FÜR HINTERGRUNDBILDER	
Mit Hintergrundfarbe füllen	Es wird kein Bild dargestellt. Der ganze Desktop wird mit der ausgewählten Hintergrundfarbe gefüllt.
Gestreckt	Das Bild wird so skaliert, dass es den gesamten Bildschirm ohne freie Ränder ausfüllt. Dabei kann sich unter Umständen das Seitenverhältnis ändern.
Gefüllt	Das Bild wird so skaliert, dass es den Bildschirm in der Höhe oder Breite ausfüllt, aber das Seitenverhältnis unverändert bleibt. Freie Flächen an den Rändern werden mit der ausgewählten Hintergrundfarbe gefüllt. ▶

AUSRICHTUNG FÜR HINTERGRUNDBILDER *(FORTS.)*	
Zentriert	Das Bild wird in Originalgröße dargestellt. Freie Flächen an den Rändern werden mit der ausgewählten Hintergrundfarbe gefüllt.
Nebeneinander	Ist das Bild kleiner als der Bildschirm, wird es nach rechts und unten gekachelt wiederholt. Bei größeren Hintergrundbildern wird nur ein Teilbereich dargestellt.
Angepasst	Das Bild wird so skaliert, dass es den gesamten Bildschirm ohne freie Ränder ausfüllt. Dabei bleibt das Seitenverhältnis unverändert, eventuell werden Randbereiche abgeschnitten.
Gestreckt über alle Monitore	Sind mehrere Monitore angeschlossen, was beim Raspberry Pi nur mit speziellen Hardwareerweiterungen möglich ist, wird das Bild über alle Monitore, statt auf jedem einzeln, angezeigt.

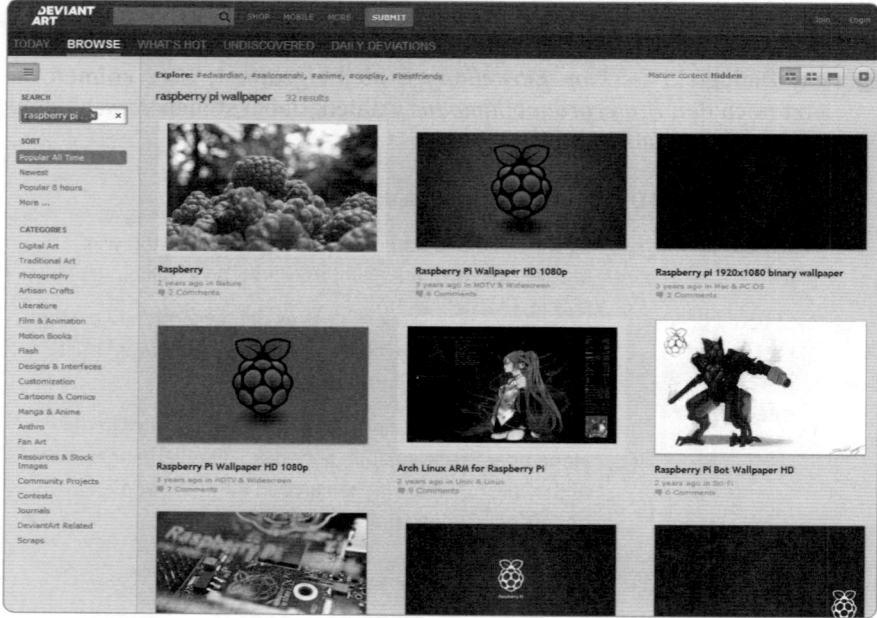

Bild 3.24: Verschiedene Hintergrundbilder mit Raspberry-Pi-Motiven bei deviantART

Hat das Bild genau die Auflösung des Bildschirms, gibt es keinen Unterschied zwischen den verschiedenen Ausrichtungen. Das originale Raspberry-Pi-Hintergrundbild liegt im Verzeichnis /usr/share/raspberrypi-artwork. Der LXDE-Desktop liefert weitere Hintergrundbilder im Verzeichnis /usr/share/lxde/wallpapers. Beide Systemverzeichnisse sind für den Benutzer pi schreibgeschützt. Möchten Sie der Übersichtlichkeit halber Ihre eigenen Hintergrundbilder auch dort ablegen, müssen Sie sie mit root-Berechtigung dorthin kopieren, z. B.:

```
sudo cp ./meinbild.png /usr/share/raspberrypi-artwork
```

Viele Raspberry-Pi-Fans haben eigene Hintergrundbilder mit Raspberry-Pi-Motiven entworfen und bieten sie zum Download an. Eine gute Quelle ist das Künstlerportal deviantART, wo sich diverse Hintergrundbilder in verschiedenen HDMI-Auflösungen finden lassen: *bit.ly/11L7UxU*

3.6   Via WLAN-Stick im lokalen Netzwerk

In vielen Fällen ist es bequemer, den Raspberry Pi nicht über ein Netzwerkkabel, sondern per WLAN mit dem lokalen Netzwerk bzw. mit dem Internet zu verbinden. Das Raspbian-Betriebssystem bringt bereits grundlegende Unterstützung für WLAN mit. Allerdings ist das Angebot verschiedener WLAN-USB-Sticks unüberschaubar und längst nicht für jeden Stick sind Linux-Treiber verfügbar. Viele Hardwarehersteller sind heute noch der Ansicht, Windows sei das einzige Betriebssystem auf der ganzen Welt.

Bild 3.25:
Raspberry Pi mit
WLAN-Stick LogiLink
WL0084B

Nach der Recherche in diversen Internetforen und einigen eigenen Tests funktionieren folgende WLAN-Sticks am Raspberry Pi:

RASPBERRY-PI-KOMPATIBLE WLAN-STICKS	
3com	3CRUSB10075
Allnet	ALL0234MINI Wireless N 150Mbit
Asus	USB N10, USB N13
Conrad	WLAN Stick N150
D-Link	DWL-G122 G 54
EDIMAX	EW-7811 UN
IOGear	GWU625
LogiLink	WL0084B
Netgear	N150, WG111
Realtek	8188CU Wireless USB 11N Nano Adaptor 802.11N
Tenda	USB 11n, Wireless-N150 W311M
TP-Link	TL-WN722N
Zyxel	NWD2015

Ob ein bestimmter WLAN-Stick von Raspbian unterstützt wird, hängt im Wesentlichen von dem im Stick verbauten Chipsatz ab. Bei WLAN-Sticks, die nicht in dieser Tabelle stehen, haben Sie eine gute Chance auf Kompatibilität, wenn der Stick den 8188CU-Chipsatz von Realtek verwendet. Der eingebaute Chipsatz ist üblicherweise auf dem Datenblatt und oft auch auf der Verpackung des WLAN-Sticks angegeben. Wie so oft bei Hardware, gilt auch hier: Die billigsten NoName-Geräte funktionieren meistens, das Geld für teure Markenhardware sollten Sie sich lieber sparen.

Wenn Sie den Typ Ihres WLAN-Sticks nicht genau kennen, geben Sie in einem LXTerminal-Fenster lsusb ein. Damit lassen sich die Produktbezeichnungen angeschlossener USB-Geräte finden.

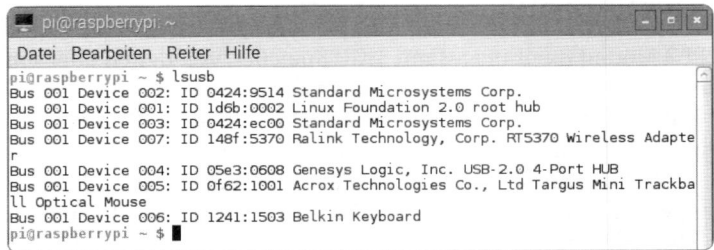

Bild 3.26: lsusb liefert Daten zu angeschlossenen USB-Geräten.

Vor der ersten Verwendung des WLAN-Sticks müssen Treiber installiert werden. Dies funktioniert weitgehend automatisch, allerdings muss der Raspberry Pi dazu in dieser Zeit noch über ein Netzwerkkabel mit dem Internet verbunden sein.

❶ Starten Sie den Raspberry Pi mit angeschlossenem Netzwerkkabel und eingestecktem WLAN-Stick. Die Treiber werden automatisch während des Bootens installiert.

❷ Klicken Sie auf das Netzwerksymbol ganz rechts in der Taskleiste. Hier werden alle WLANs in der Umgebung angezeigt. Das Netzwerkkabel können Sie jetzt trennen.

Bild 3.27: Liste sichtbarer WLANs in der Nähe

❸ Klicken Sie doppelt auf das Netzwerk, mit dem Sie sich verbinden wollen. Es öffnet sich ein Fenster, in dem Sie den Schlüssel eingeben müssen.

❹ Die Verbindung wird automatisch hergestellt und der Schlüssel gespeichert. Beim nächsten Mal brauchen Sie ihn nicht wieder einzugeben.

Bild 3.28: Die WLAN-Verbindung auf dem Raspberry Pi ist eingerichtet.

3.7   Mehr Leistung durch Speichertuning

Der Raspberry Pi 2 Modell B hat insgesamt 1 GB Speicher, von denen aber ein erheblicher Teil für die GPU abgezweigt wird, was bei einem PC dem Grafikkartenspeicher entspricht. So bleibt für den Benutzer deutlich weniger. Besonders eng wurde es bei älteren Versionen des Raspberry Pi, die nur mit 256 MB RAM ausgeliefert wurden, von denen nach Abzug des Grafikspeichers für den Benutzer gerade noch 184 MB bleiben. Zum Glück bietet das Raspbian-Betriebssystem eine Tuningmöglichkeit an, um die Speicheraufteilung den genutzten Anwendungen anzupassen. Um die tatsächliche Speicherbelegung zu ermitteln, starten Sie über das Startmenü unter *Zubehör* den *Taskmanager*. Wählen Sie dort im Menü *Ansicht* die Einstellungen wie in der folgenden Abbildung:

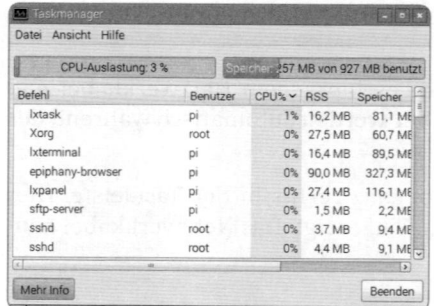 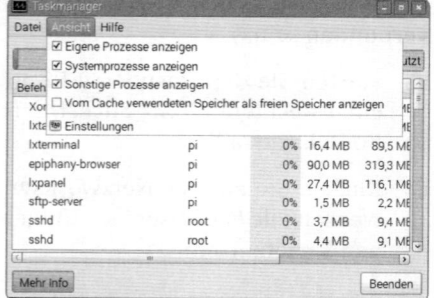

Bild 3.29: Wählen Sie die abgebildeten Einstellungen, um die tatsächliche Speicherbelegung zu sehen.

Je nach Verwendung des Raspberry Pi können Sie im Konfigurationsprogramm *raspi-config* unter *Advanced Options/Memory Split* die Speicheraufteilung zwischen RAM und Grafikspeicher verändern. Läuft der Raspberry Pi ausschließlich als Server für Daten oder Webdienste, wird so gut wie kein Grafikspeicher benötigt. Sollen dagegen Videos abgespielt werden, muss erheblich mehr Grafikspeicher reserviert werden als im typischen Linux-Desktopbetrieb. Nach Änderung der Speicheraufteilung müssen Sie den Raspberry Pi neu starten.

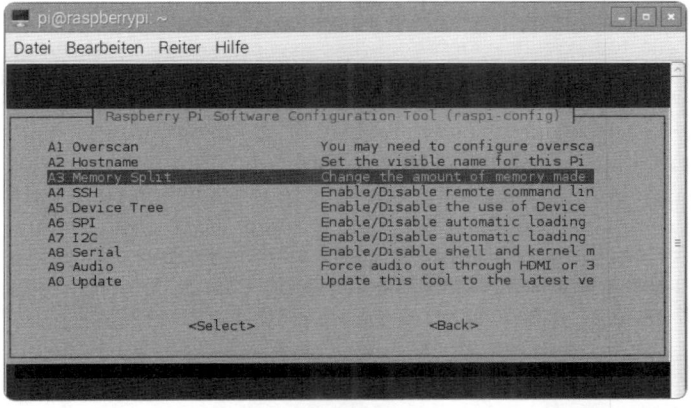

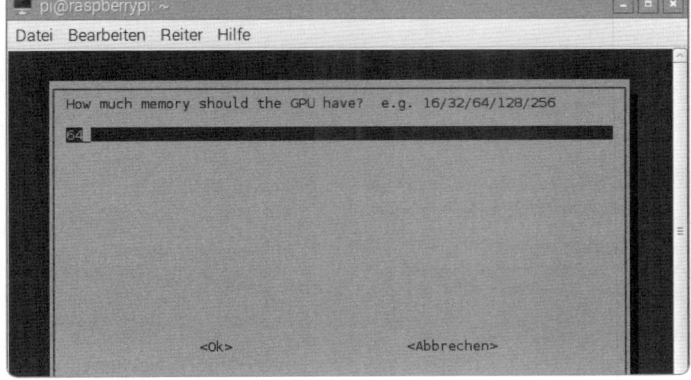

Bild 3.30:
Im Bereich *memory_split* legen Sie fest, wie viel Speicher für die Grafik reserviert wird.

Die Tabelle zeigt Richtwerte für den Grafikspeicher bei verschiedenen Anwendungsszenarien:

ANWENDUNG	
HD-Videos abspielen und decodieren, Videostreaming, grafiklastige Anwendungen und Spiele	256 MB
Normale Mischnutzung als PC mit grafischer Oberfläche und gelegentlich als Media Center	64 MB
Reiner Serverbetrieb ohne grafische Oberfläche	16 MB

4 PROGRAMME AUS DEM PI STORE UND ANDEREN QUELLEN INSTALLIEREN

Auf dem Raspberry Pi lassen sich per Kommandozeilenbefehl `apt-get install` verschiedenste Programme installieren, aber das ist wie auf allen Linux-Computern mit einiger Kenntnis der Paketnamen und Abhängigkeiten verbunden. Das dachten sich auch die Entwickler des Raspberry Pi und bauten den Pi Store, eine Art App Store, wie man ihn von Smartphones kennt. Dort sucht man sich ein Programm aus und installiert es mit einem Klick, ohne sich um Dateinamen und Verzeichnisstrukturen kümmern zu müssen. Der Pi Store ist auf aktuellen Versionen des Raspbian-Betriebssystems im Startmenü unter *Internet* vorinstalliert.

Bild 4.1: Das aktuelle Angebot des Pi Store

EIN LADEN, IN DEM SIE NICHT BEZAHLEN MÜSSEN

Der Name *Store* hört sich verwirrend an, allerdings sind die meisten Anwendungen in diesem Laden kostenlos. Das Wort *Store* hat sich seit dem App Store auf dem iPhone und dem Google Play Store für diese Art vorinstallierter Downloadarchive durchgesetzt, die seit Windows 8 auch auf dem PC Einzug gehalten haben.

Auf der Webseite *store.raspberrypi.com* können Sie auch das gesamte Angebot des Pi Store durchstöbern, aber nicht direkt installieren.

Um den Pi Store nutzen zu können, legen Sie sich über den Link *Register* auf der Login-Seite des Stores ein kostenloses Benutzerkonto an. Dazu ist eine gültige E-Mail-Adresse nötig – eine, die Sie auf dem Raspberry Pi selbst oder auf einem PC oder Smartphone in der Nähe auslesen können. Denn zur Anmeldung muss eine E-Mail bestätigt werden. Sollten Sie bereits ein Benutzerkonto bei *IndieCity*, dem Betreiber des Pi Store haben, können Sie dieses auch hier verwenden.

Nach der Anmeldung sehen Sie das Angebot des Pi Store, das zurzeit noch nicht besonders umfangreich ist, aber sehr interessante Anwendungen und Spiele speziell für den Raspberry Pi enthält. Ein Klick auf eines der Vorschaubilder zeigt eine Programmbeschreibung und oft auch weitere Bilder sowie Links auf die Webseiten der Entwickler. Ein Klick auf *Download* lädt das gewünschte Programm herunter und installiert es auch gleich.

Die meisten Programme, aber nicht alle, tragen sich bei der Installation automatisch ins Startmenü ein oder legen ein Symbol auf dem Desktop an. Installierte Programme ohne Startmenüeintrag sind unter Linux bei weitem nicht so leicht zu finden wie auf einem Windows-PC. Deshalb zeigt der Pi Store unter *My Library* oben links eine Liste aller aus dem Store installierten Programme und Spiele. Wählen Sie hier ein Programm aus und klicken Sie rechts auf *Launch*, um es zu starten. Mit dem Button *Delete* können Sie es auch sauber und rückstandsfrei deinstallieren, ohne die verwendeten Linux-Pakete kennen zu müssen. In dieser Liste erscheinen auch Programme, die Sie unter dem gleichen Benutzerkonto auf einer anderen Speicherkarte für den Raspberry Pi installiert haben.

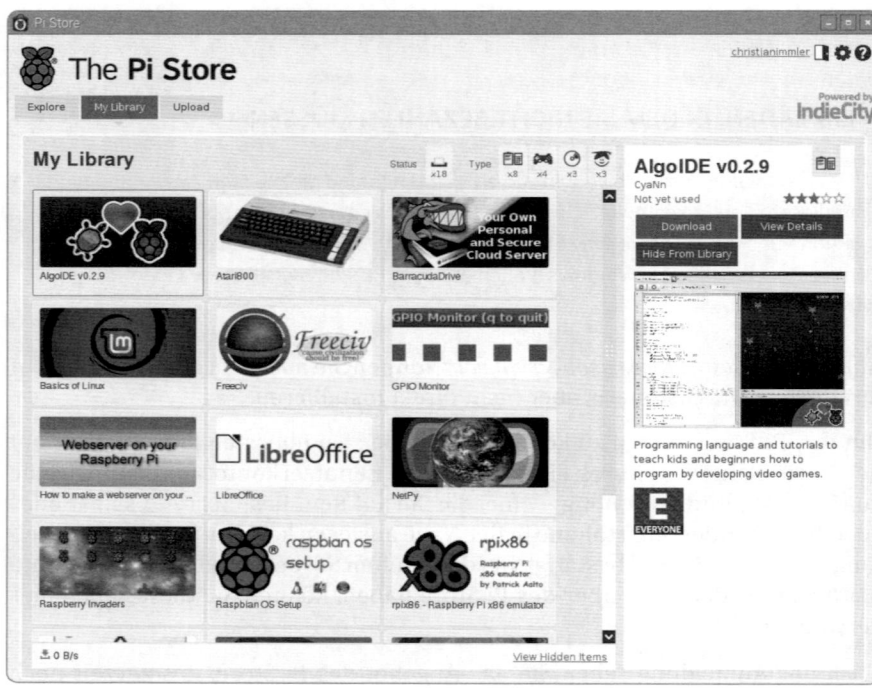

Bild 4.2: My Library enthält alle aus dem Pi Store installierten Programme.

4.1   Paketinstallation und Softwareaktualisierung

Linux wird ständig weiterentwickelt. Dabei gibt es nicht, wie bei kommerziellen Programmen, große Versionssprünge mit neuen Versionsnummern, sondern es werden einzelne Komponenten unabhängig voneinander aktualisiert. Gerade eine Distribution wie Debian, auf dem Raspbian basiert, an der Hunderte von Entwicklern beteiligt sind, erfährt alle paar Tage eine Änderung. Noch wichtiger als bei den Distributionen, die von einer Firma verwaltet werden, ist hier eine übersichtliche Verwaltung der einzelnen Pakete. Debian liefert zu diesem Zweck das Paketverwaltungssystem `apt-get` mit, über das einzelne Programmpakete aktualisiert und auch zusätzliche Programme installiert werden können.

Die Bedienung von apt-get erfolgt über die Konsole. Dazu werden root-Rechte benötigt. Rufen Sie also die Befehle immer mit `sudo apt-get ...` im LXTerminal auf.

Die Paketverwaltung `apt-get` bietet diverse Optionen. Die wichtigsten sind `apt-get update` und `apt-get install`.

- `apt-get update` liest die neuesten Paketlisten ein, damit die Möglichkeit besteht, aktuelle Versionen der Pakete herunterzuladen und zu installieren. Die Pakete selbst werden dabei nicht aktualisiert. Dazu verwendet man `apt-get upgrade`.

- `apt-get install [Paketname]` installiert ein neues Paket. Dazu muss der Paketname bekannt sein. Abhängige Pakete werden automatisch mit installiert.

ZEIT NEHMEN FÜR ERSTES UPGRADE

Seit der Veröffentlichung der letzten Raspbian-Version wurden zahlreiche Pakete aktualisiert. Nehmen Sie sich für das erste Upgrade Zeit. Die Komplettaktualisierung aller Pakete kann beim ersten Mal über eine Stunde dauern.

APT-GET-BEFEHLSOPTION	WIRKUNG
update	Neue Paketinformationen holen
upgrade	Upgrade (Paketaktualisierung) durchführen
install	Neue Pakete installieren
remove	Pakete entfernen
autoremove	Alle nicht mehr verwendeten Pakete automatisch entfernen
purge	Pakete vollständig entfernen (inkl. Konfigurationsdateien)
source	Quellarchive herunterladen ▶

Tabelle 4.1:   Die Tabelle beschreibt die weiteren Optionen von *apt-get*.

APT-GET-BEFEHLSOPTION	WIRKUNG
build-dep	Bauabhängigkeiten für Quellpakete konfigurieren
dist-upgrade	Upgrade (Paketaktualisierung) für die komplette Distribution durchführen
dselect-upgrade	Der Auswahl von »dselect« folgen
clean	Heruntergeladene Archive löschen
autoclean	Veraltete heruntergeladene Archive löschen
check	Überprüfen, ob es unerfüllte Abhängigkeiten gibt
changelog	Änderungsprotokoll für das angegebene Paket herunterladen und anzeigen
download	Das Binärpaket in das aktuelle Verzeichnis herunterladen

Tabelle 4.1: Die Tabelle beschreibt die weiteren Optionen von *apt-get*. *(Forts.)*

4.2 Synaptic liefert Hunderte von Programmen

Die kommandozeilenbasierte Paketverwaltung apt-get eignet sich gut für skriptgesteuerte automatisierte Prozesse, ist aber alles andere als benutzerfreundlich. Wesentlich mehr Komfort und Möglichkeiten bietet die grafische Paketverwaltung *Synaptic*, die auch auf dem Raspberry Pi läuft, aber erst installiert werden muss:

```
sudo apt-get update
sudo apt-get install synaptic
```

Nach der Installation trägt sich Synaptic automatisch im Startmenü unter *Einstellungen* ein. Von dort können Sie es aufrufen, ohne LXTerminal zu benötigen. Beim Start müssen Sie sich einmal mit dem Passwort raspberry autorisieren.

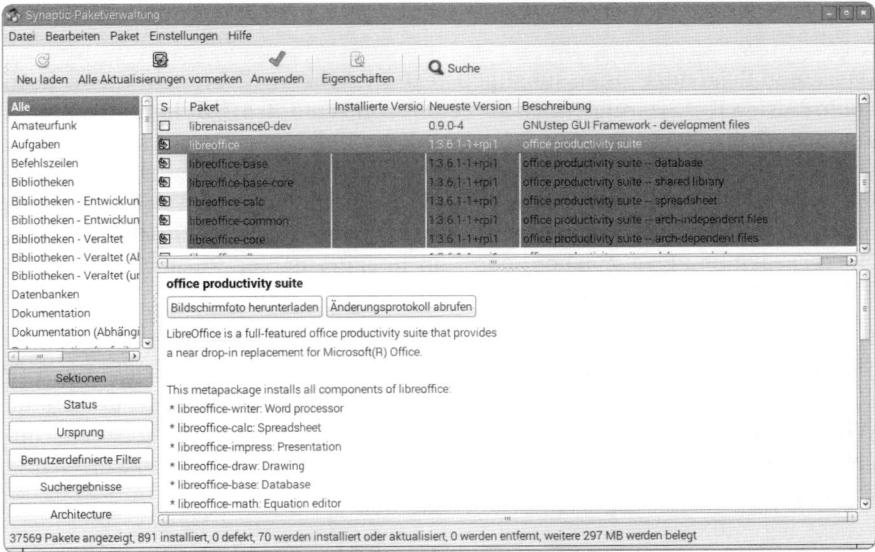

Bild 4.3: Komfortable Paketinstallation mit der grafischen Paketverwaltung Synaptic

Synaptic bietet eine gute Übersicht über installierte Pakete und deren Abhän-gigkeiten. Alle Befehle wie *Installation, Deinstallation* oder *vollständige Entfer-nung* werden zunächst zur Ausführung vorgemerkt und dann unbeaufsichtigt alle nacheinander ausgeführt. Die Installation mehrerer großer Pakete kann durch Abhängigkeiten mit anderen Paketen manchmal sehr lange dauern.

Klicken Sie beim ersten Start von Synaptic einmal auf den Button *Neu laden* links oben, um die lokale Paketdatenbank zu aktualisieren. Später suchen Sie mithilfe der integrierten Suchfunktion komfortabel nach Paketen und instal-lieren Sie dann.

5 BÜROANWENDUNGEN AUF DEM RASPBERRY PI

Wer einen Brief oder einen sonstigen Text schreiben will, braucht theoretisch keine riesige Hardwareleistung. Zu Zeiten von Windows 3.11 konnte man auf einem damaligen PC mit 8 MB Arbeitsspeicher und einer Festplatte im Bereich von einigen Hundert MB komfortabel alle anfallenden Textverarbeitungsaufgaben erledigen. Das geht heute noch genauso, die Arbeiten an sich haben sich nicht verändert. Nur Microsoft versucht, spätestens seit MS Office 2007, den Nutzern glaubhaft zu machen, dass ein hochgerüsteter PC mit mindestens 2 GB Speicher nötig ist, um einen Brief zu schreiben.

Streichen Sie die Wörter »Windows« und »Microsoft Office« und besinnen Sie sich auf die eigentliche Aufgabe, nämlich einen Brief oder gar ein Buch zu schreiben. Ein Raspberry Pi, der im Vergleich zu PCs aus der Zeit der ersten Windows-Versionen ein Vielfaches leistet, bietet eine angenehme ruhige Umgebung zum kreativen Schreiben, ohne das ewige Rauschen von Lüfter und Festplatte.

5.1 LibreOffice: Alles, was man im Büro braucht

Das freie Office-Paket LibreOffice wurde speziell für den Raspberry Pi angepasst und steht im Pi Store zum Download zur Verfügung. LibreOffice bietet alle Funktionen eines modernen Office-Pakets: Textverarbeitung, Präsentation, Grafik und eine Tabellenkalkulation, die selbst anspruchsvolle wissenschaftli-

IST LIBREOFFICE SCHLECHTER ALS MICROSOFT OFFICE?

Klare Antwort: Nein! Immer wieder hört man Möchtegernprofis über die mangelhaften Funktionen freier Office-Pakete fachsimpeln. Tatsächlich fehlen gegenüber Microsoft Office einige wenige Funktionen in der Tabellenkalkulation, im Bereich automatisierter Analysen, die für ingenieurwissenschaftliche Berechnungen benötigt werden – aber sicher nicht im Alltag. Dafür liefert LibreOffice ein umfangreiches Grafikprogramm auch für Vektorgrafik sowie ein Datenbanksystem mit, was Microsoft Office in der weit verbreiteten Home-and-Student-Version völlig fehlt. Gerade bei komplexen Programmpaketen wie Office-Lösungen gilt die alte Administratorenweisheit: Nur 10 % der Anwender nutzen mehr als 10 % der Funktionen eines Programms.

che oder statistische Funktionen beherrscht. Neben dem von den Entwicklern präferierten Open-Document-Format kann LibreOffice aber auch Dokumente in den bekannten Office-Dateiformaten lesen und schreiben.

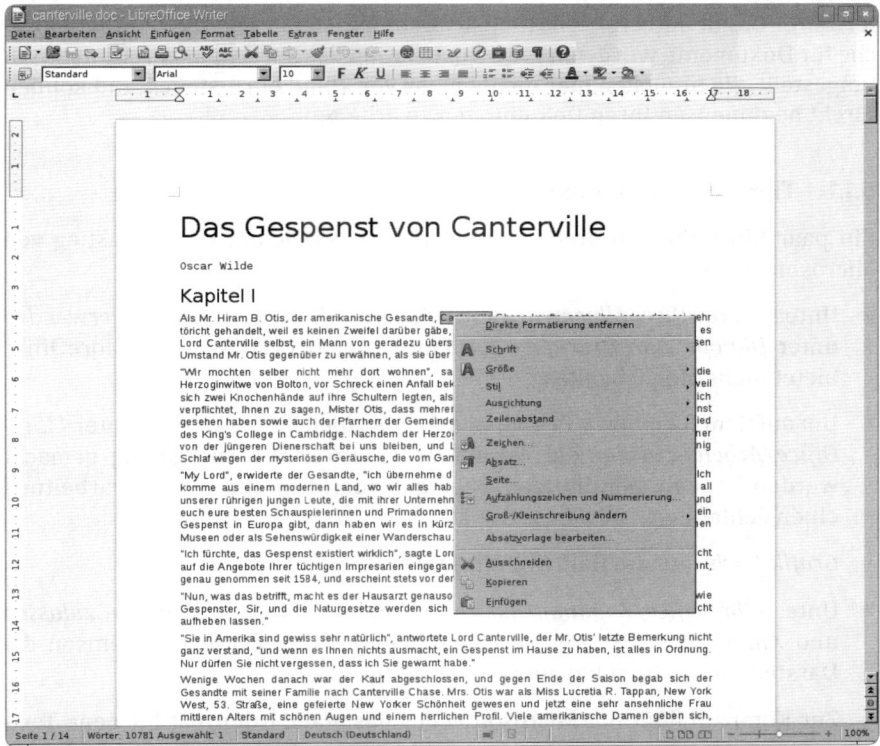

Bild 5.1: Die Textverarbeitung *LibreOffice Writer*

Sie finden das komplette LibreOffice als ein einziges Programm im Pi Store und können es von dort mit einem Klick herunterladen und installieren. Das Paket ist über 800 MB groß, dementsprechend dauern Download und Installation einige Zeit. Stellen Sie zuvor sicher, dass auf der Speicherkarte mindestens 1 GB Speicherplatz frei ist. Allerdings ist die Version im Pi Store nur englisch. Das deutsche Sprachpaket müsste über apt-get nachinstalliert werden.

Deshalb können Sie auch gleich alles auf einmal installieren und brauchen nur einmal zu warten:

```
sudo apt-get install libreoffice libreoffice-l10n-de
```

Nach Abschluss der Installation starten Sie LibreOffice aus dem Startmenü unter *Büro*. Die Benutzeroberfläche, das Gebietsschema und die Standardsprache für Dokumente wurden mit der Installation des Sprachpakets automatisch umgestellt. Sie brauchen hier nichts mehr von Hand einzustellen und können direkt beginnen, an Ihren Dokumenten zu arbeiten.

5.1.1 Tipps zu LibreOffice

Ein paar Einstellungen unter *Extras/Optionen* erleichtern den Umstieg von Microsoft Office:

- Unter *LibreOffice/Allgemein* den Schalter *LibreOffice-Dialoge verwenden* unter *Dialoge zum Drucken* einschalten. Der Druckdialog von LibreOffice bietet mehr Möglichkeiten.

- Um auf dem Raspberry Pi knappen Arbeitsspeicher zu sparen, unter *LibreOffice/Arbeitsspeicher* die Anzahl der Schritte, die rückgängig gemacht werden können, herabsetzen. Niemand merkt in einer Textverarbeitung einen Fehler erst 100 Schritte später.

- *Grafik-Cache* auf die Hälfte herabsetzen.

- Unter *LibreOffice/Zugänglichkeit* die Schalter *Animierte Grafiken zulassen* und *Animierten Text zulassen* ausschalten. Diese Optionen bremsen die Darstellung auf dem Raspberry Pi unnötig aus.

- Zur Kompatibilität mit Microsoft Office das Standardformat für neue Textdokumente unter *Laden/Speichern/Allgemein* auf *Microsoft Word 97/2000/XP/2003* umschalten und den Schalter *Immer warnen, wenn nicht im ODF-Format* ausschalten.

- Auf die gleiche Weise das Format für Tabellendokumente auf *Microsoft Excel 97/2000/XP/2003* umschalten.

5.2   Ziffernblock aktivieren

Leider schaltet Linux von sich aus den Ziffernblock der Tastatur nicht automatisch ein, was besonders in Office-Anwendungen lästig ist. Man tippt ge-
wohnheitsmäßig Zahlen über den Ziffernblock ein, ohne vorher Num Lock
zu drücken. Statt der Zahleneingabe bewegt sich aber der Cursor über den
Bildschirm. Das Problem lässt sich mit einem kleinen Programmpaket lösen:

```
sudo apt-get install numlockx
```

Dieses Paket braucht nur installiert zu sein, dann aktiviert sich der Ziffernblock beim nächsten Neustart des Raspberry Pi automatisch.

6 EINFACHE LINUX-BEFEHLE UND CLOUD-DIENSTE

Das Raspbian-Linux verwendet die grafische Benutzeroberfläche LXDE, die für jeden Windows-Benutzer sofort bedienbar ist. Trotzdem empfehlen sich ein paar Grundkenntnisse über die Verzeichnisstruktur von Linux sowie über wichtige Befehle, die ähnlich wie auf einem Windows-PC in einem Eingabeaufforderungsfenster, hier *LXTerminal* genannt, aufgerufen werden.

Linux verwendet nicht wie Windows für jedes Laufwerk seine eigene Verzeichnisstruktur, sondern eine globale, laufwerksübergreifende Struktur. Dabei sind einige Verzeichnisnamen fest vorgegeben. Die Inhalte der Verzeichnisse außerhalb des Home-Verzeichnisses /home/pi sollte man auch nur ändern, wenn man sehr umfassendes Wissen über die einzelnen Linux-Systemdateien besitzt. Die meisten systemkritischen Dateien sind für den normalen Benutzer gesperrt.

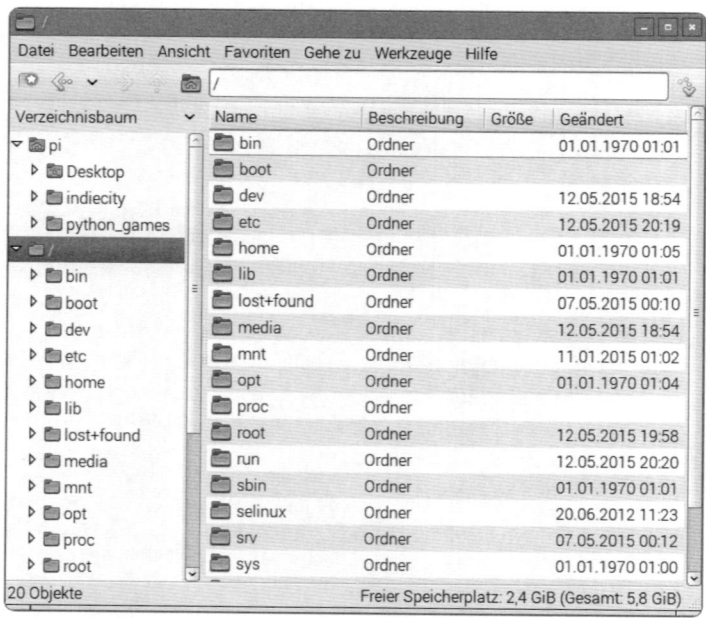

Bild 6.1: Die Verzeichnisstruktur ist in der Verzeichnisbaum-Ansicht im Dateimanager gut zu sehen.

UNTERSCHIEDE ZU WINDOWS

Bei der Arbeit mit Dateien und Verzeichnissen sollte man ein paar wichtige Unterschiede zwischen Linux und Windows kennen:

Windows verwendet zur Kennzeichnung von Dateitypen die entsprechende Dateiendung, die klassischerweise aus drei Zeichen besteht, durch einen Punkt vom eigentlichen Dateinamen getrennt. Bei Linux kann jeder beliebige Name für eine Datei verwendet werden. Es gibt keinen Unterschied zwischen Dateinamen und Dateiendung. Die Namen können auch mehrere Punkte enthalten, allerdings keine Leerzeichen. Diese sollte man auch in Windows besser nicht verwenden, da sie zwar erlaubt sind, aber nicht mit allen Befehlen funktionieren. Die Dateinamen sollten aussagekräftig sein, aber bei 128 Zeichen ist Schluss.

Im Gegensatz zu Windows unterscheidet Linux bei Dateinamen zwischen Groß- und Kleinschreibung.

Linux kennt das Backslash-Zeichen \ für Pfadangaben nicht. Zur Angabe von Verzeichnissen wird immer der normale Schrägstrich / verwendet.

Linux als offenes System bietet jedem Entwickler freie Möglichkeiten, Verzeichnisse für eigene Programme und Daten anzulegen. Um bei der Vielfalt an Beteiligten eine gemeinsame Basis zu schaffen, wurde der *Filesystem Hierarchy Standard* entwickelt. Diese Verzeichnisstruktur ist auf oberen Ebenen in allen Unix-Systemen gleich. Die Linux Foundation (*www.linuxfoundation.org*) veröffentlicht auf ihrer Webseite *www.pathname.com/fhs* den aktuellen *Filesystem Hierarchy Standard*. Eine deutsche Übersetzung finden Sie hier: *bit.ly/ZhgOV7*. Im Folgenden finden Sie eine kurze Übersicht über die wichtigsten Verzeichnisse:

/	Unter dem Wurzelverzeichnis sind alle anderen Verzeichnisse angeordnet. Dies bezieht sich hier nicht auf ein Laufwerk, sondern auf die gesamte Verzeichnisstruktur.
/bin	Wichtige, immer verfügbare Programme, zum Beispiel die Unix-Shells und die Shell-Kommandos.
/boot	Der Linux-Kernel vmlinuz und Konfigurationsdateien, die zum Booten benötigt werden.

/dev	Abkürzung für Devices, so genannte Gerätedateien. Hier werden für alle Geräte virtuelle Dateien angelegt, über die auf die Geräte zugegriffen werden kann.
/etc	Konfigurationsdateien für das System oder einzelne Programme.
/home	Unterhalb dieses Verzeichnisses besitzt jeder Benutzer sein Home-Verzeichnis. In einer Raspbian-Installation ist neben dem Superuser root nur ein Standard-Benutzer pi vorhanden. Sofern keine speziellen Zugriffsrechte vergeben wurden, kann ein Benutzer die Verzeichnisse der anderen Benutzer nicht sehen. Der Benutzer root hat sein Home-Verzeichnis direkt unter dem Hauptverzeichnis und nicht unter /home.
/lib	Funktionsbibliotheken des Betriebssystems. In diesem Verzeichnis sollten Sie auf keinen Fall irgendetwas verändern.
/lost+found	Auf dieses Verzeichnis hat nur das System selbst Zugriff. Hier werden Dateien abgelegt, die bei einem Programmabsturz oder bei einem Hardwarefehler entstehen und keinem anderen Verzeichnis mehr zugeordnet werden können.
/media	In Unterverzeichnissen dieses Verzeichnisses werden externe Festplatten, Speicherkarten, CD-ROM-Laufwerke und USB-Sticks gemountet.
/mnt	Hier kann man selbst andere Dateisysteme in die Verzeichnisstruktur mounten.
/opt	Optionale Software; in diesem Verzeichnis werden vor allem große Programmpakete installiert.
/proc	Jedes laufende Programm erhält hier automatisch ein Unterverzeichnis mit Dateien, die genaue Informationen zum jeweiligen Prozess geben. Dieses Verzeichnis ist als Schnittstelle zum Kernel gedacht, sodass Programme auf Systemfunktionen und Funktionen anderer Programme zugreifen können.
/root	Das Home-Verzeichnis des Benutzers root. Es liegt traditionell im Hauptverzeichnis, damit der Administrator auch dann auf seine Dateien zugreifen kann, wenn durch einen Fehler der Zugriff auf andere Partitionen nicht mehr möglich ist. Als Standardanwender pi sehen Sie natürlich nur ein leeres Verzeichnis.

/run	Dieses Verzeichnis enthält Informationen über das System seit seinem Start.
/sbin	Wichtige Systemprogramme, auf die nur der Administrator root Zugriff besitzt.
/selinux	Verzeichnis für die Kernel-Erweiterung *Security Enhanced Linux*. Diese ist auf dem Raspberry Pi zwar vorhanden, wird aber standardmäßig nicht genutzt.
/srv	Spezielle Dateien laufender Dienste.
/sys	Virtuelles Verzeichnis für Systeminformationen.
/tmp	Das Temporärverzeichnis zur Ablage temporärer Dateien und zum Datenaustausch zwischen Benutzern. Auf dieses Verzeichnis hat jeder jederzeit Zugriff.
/usr	In diesem Verzeichnis liegen die Unterverzeichnisse für die installierten Programme. Da dieses Verzeichnis üblicherweise mit Abstand das größte auf einem System ist, ist eine detaillierte Unterteilung nötig. Linux verwendet hier diverse Unterverzeichnisse, in denen die einzelnen Programme, Bibliotheken und Systemkommandos eingeordnet sind.
/var	Abkürzung für variabel; ein Verzeichnis für Dateien, die sich ständig ändern. Hier liegen in verschiedenen Unterverzeichnissen zum Beispiel der Browsercache und der Druckerspooler.

DEBIAN-REFERENZ

Die Debian-Referenz im Startmenü unter *Help* bietet eine umfassende Übersicht über Debian-Linux und seine Kommandozeilenbefehle. Ein Nachteil: Diese Referenz ist in englischer Sprache. Ein Vorteil: Sie liegt offline auf der Speicherkarte vor. Eine deutschsprachige Version der Debian-Referenz finden Sie bei *bit.ly/debianref*.

6.1   Linux-Befehle für die Dateiverwaltung

Denken Sie immer daran: Linux ist ein befehlszeilenorientiertes Betriebssystem. Die Oberfläche liegt nur darüber und führt im Hintergrund Kommandozeilenbefehle aus. Wenn Sie einige wichtige Linux-Befehle kennen, können Sie damit noch deutlich mehr erreichen als mit einer fensterorientierten Benutzeroberfläche.

Wenn nichts anderes angegeben ist, können Parameter verknüpft werden. Nach dem »-«-Zeichen, das jeden Parameter einleitet, folgen direkt die Parameter hintereinander, ohne Leer- oder sonstige Trennzeichen. Alle Optionen und Parameter finden Sie in den jeweiligen *man*-Dateien und oft auch über die Parameter -? oder -help. Die folgende Auflistung enthält nur die wichtigsten Befehle zur Dateiverwaltung.

GROSS- UND KLEINSCHREIBUNG

Wie bei Dateinamen unterscheidet Linux auch bei den Parametern der Kommandozeilenbefehle zwischen Groß- und Kleinschreibung. Derselbe Buchstabe kann in unterschiedlichen Schreibweisen unterschiedliche Bedeutungen haben.

`man [Befehlsname]`	Ausführliches Handbuch zu jedem Befehl.
`ls [OPTION]... [DATEI]...`	Listet Dateien in einem Verzeichnis auf.
`cd [Verzeichnisname]`	Wechselt in das angegebene Verzeichnis. Ohne Verzeichnisangabe wird in das Home-Verzeichnis gewechselt.
`pwd`	Zeigt aktuelles Verzeichnis an.
`cat [OPTION] [DATEIEN]...`	Zeigt den Inhalt von Dateien.
`cp [OPTION]... QUELLE ZIEL`	Kopiert Dateien und Verzeichnisse.
`mv [OPTION]... QUELLE ZIEL`	Verschiebt Dateien und Verzeichnisse.
`rm [OPTION]... DATEI...`	Löscht Dateien und Verzeichnisse.
`mkdir [OPTION] VERZEICHNIS...`	Legt ein Verzeichnis an. ▶

`rmdir [OPTION] VERZEICHNIS...`	Löscht ein leeres Verzeichnis.
`chmod [OPTION]... MODUS... DATEI...`	Ändert Datei- und Verzeichnisberechtigungen.
`chown [OPTION]... DATEI...`	Ändert den Eigentümer einer Datei.
`adduser [OPTION]... BENUTZER`	Fügt einen Benutzer hinzu.
`addgroup [OPTION]... BENUTZER... [GRUPPE]`	Fügt eine Benutzergruppe hinzu oder fügt einen Benutzer in eine Gruppe ein.

6.2   Cloud-Dienste für den Datenaustausch nutzen

Nicht immer besteht die Möglichkeit, Daten über ein lokales Netzwerk zwischen Raspberry Pi und PC auszutauschen. Cloud-Dienste sind oft wesentlich bequemer und überall verfügbar. Die meisten Anbieter von Cloud-Speicherplatz bieten Synchronisationstools an, mit denen sich eigene Dateien aus bestimmten Verzeichnissen automatisch mit dem Cloud-Speicherplatz synchronisieren lassen. Allerdings gibt es diese Programme meist nur für Windows.

Vom Raspberry Pi kann man über den Webbrowser auf den persönlichen Cloud-Speicherplatz zugreifen, vorausgesetzt der jeweilige Anbieter hat seine Webseite so intelligent gestaltet, dass sie sich auch mit den ressourcenschonenden Browsern nutzen lassen. Im Alltag ist ein Browserzugriff doch sehr mühsam. Wesentlich komfortabler ist es, das Cloud-Laufwerk wie ein echtes Laufwerk im Dateimanager zur Verfügung zu haben. WebDAV, ein speziell für diese Zwecke entwickeltes Datenübertragungsprotokoll, macht das möglich. Leider bieten die bekanntesten aller Anbieter von Cloud-Speicherplatz, Dropbox und Google Drive, keine Unterstützung für das WebDAV-Protokoll.

6.2.1   CloudMe: Kostenloser Cloud-Speicherplatz

CloudMe (*www.cloudme.com*) gehört zwar zu den weniger bekannten Anbietern von kostenlosem Cloud-Speicherplatz, hat aber den Vorteil, dass die WebDAV-Unterstützung problemlos ohne zusätzliche Software funktioniert. Für Windows wird ein Synchronisationstool angeboten, das einen sogenannten »Blue Folder« auf dem PC anlegt, der automatisch mit dem Cloudspeicher synchronisiert wird. Außerdem kann man über einen Webbrowser auf CloudMe zugreifen und auch weitere Ordner anlegen.

CloudMe bietet 3 GB kostenlosen Speicherplatz an, bei Anmeldung über diesen Link erhalten Leser dieses Buches 3,5 GB kostenlos: *goo.gl/mJjvM*.

Aber auch im Dateimanager auf dem Raspberry Pi kann der Cloud-Speicher von CloudMe verwendet werden.

❶ Tragen Sie in die Adresszeile des Dateimanagers diese Adresse ein: *davs:// webdav.cloudme.com/Benutzername*. Das Wort *Benutzername* ersetzen Sie durch Ihren Benutzernamen, den Sie bei der Anmeldung bei CloudMe gewählt haben. Bei der ersten Anmeldung werden Sie nach Ihren Cloud-Me-Zugangsdaten gefragt.

❷ Legen Sie für dieses Verzeichnis über das *Favoriten*-Menü ein Lesezeichen an. Dann finden Sie Ihren CloudMe-Speicherplatz auch nach einem Neustart des Raspberry Pi im linken Seitenfenster des Dateimanagers.

Bild 6.2: Mit einem Lesezeichen erreichen Sie CloudMe auch nach einem Neustart schnell wieder.

❸ Jetzt können Sie den Cloud-Speicher beim Arbeiten auf dem Raspberry Pi nutzen und haben immer Zugriff auf Ihre persönlichen Dateien, trotz der eng begrenzten Kapazität der Speicherkarte.

6.2.2   GMX-MediaCenter und Web.de-Online-Speicher

GMX und Web.de bieten jedem Nutzer der kostenlosen Maildienste jeweils 2 GB Speicherplatz im sogenannten MediaCenter von GMX bzw. im Online-Speicher bei Web.de. Mit der Installation der Synchronisationsanwendung bekommt man noch 4 GB dazu geschenkt. Nutzer der kostenpflichtigen Tarife bekommen 10 GB, die sich im Browser, mit dem Windows-Synchronisationstool oder über eine Smartphone-App nutzen lassen.

Leider haben GMX und Web.de wie auch einige andere Cloud-Anbieter ein Kompatibilitätsproblem und halten sich nicht zu 100 % an den WebDAV-Standard, weshalb die Cloud-Speicher nicht so einfach über den Dateimanager von Raspbian eingebunden werden können. Auch im Epiphany-Browser funktioniert das GMX-MediaCenter nicht.

Die Lösung bietet ein Dateisystemtreiber, der WebDAV-Laufwerke wie externe Festplatten oder Netzwerklaufwerke direkt im Linux-Dateisystem einhängt.

❶ Installieren Sie den Dateisystemtreiber:

```
sudo apt-get install davfs2
```

❷ Legen Sie ein Unterverzeichnis für den Mountpunkt im Home-Verzeichnis an:

```
mkdir ~/gmx
```

❸ Legen Sie noch ein Unterverzeichnis für die Konfigurationsdatei im Home-Verzeichnis an:

```
mkdir ~/.davfs2
```

❹ Erstellen Sie eine Konfigurationsdatei mit Namen secrets in diesem Verzeichnis:

```
leafpad ~/.davfs2/secrets
```

❺ Die Datei enthält Ihre persönlichen Zugangsdaten für das GMX-Media-Center. Tragen Sie dazu Ihre GMX-E-Mail-Adresse und Ihr Passwort ein.

```
https://webdav.mc.gmx.net emailadresse@gmx.de passwort
```

❻ Bei Web.de muss die Datei so aussehen:

```
https://webdav.smartdrive.web.de emailadresse@web.de passwort
```

❼ Schützen Sie die Datei vor Verwendung durch andere Benutzer. Ohne diese eingeschränkten Zugriffsrechte lässt *davfs2* die Datei auch nicht zu.

```
chmod 600 ~/.davfs2/secrets
```

❽ Tragen Sie das neue Dateisystem und den Mountpunkt in der Datei /etc/
fstab wie in der folgenden Abbildung ein. Beachten Sie, dass am Ende der
letzten Zeile noch ein Zeilenumbruch stehen muss.

```
sudo leafpad /etc/fstab
```

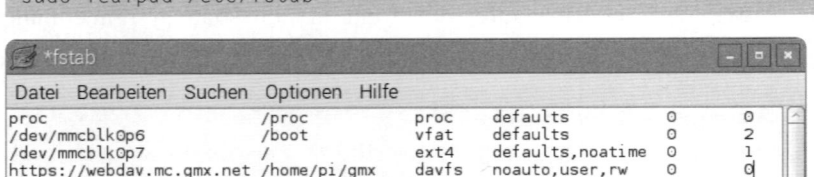

Bild 6.3: Fügen Sie die letzte Zeile in der Datei /etc/fstab ein.

❾ Bei Web.de muss diese Zeile lauten:

```
https://webdav.smartdrive.web.de /home/pi/gmx davfs
noauto,user,rw 0 0
```

❿ Geben Sie jetzt auch Nicht-root-Benutzern die Berechtigung, Web-
DAV-Laufwerke einzubinden:

```
sudo dpkg-reconfigure davfs2
```

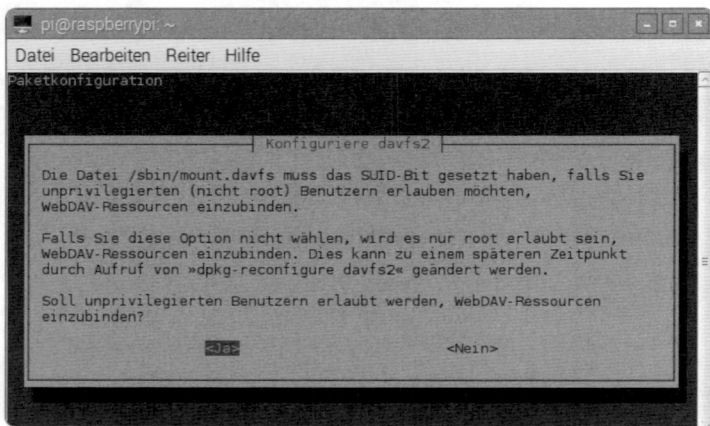

Bild 6.4: Benutzer ohne root-Berechtigung dürfen WebDAV auch nutzen.

⓫ Damit auch der Benutzer *pi* das darf, muss er zur Gruppe *davfs2* hinzugefügt werden:

```
sudo adduser pi davfs2
```

⓬ Mounten Sie jetzt das WebDAV-Laufwerk im zuvor angelegten Verzeichnis:

```
mount ~/gmx
```

Das GMX-MediaCenter (bzw. der Web.de-Online-Speicher) steht nun im Dateimanager wie ein lokales Laufwerk zur Verfügung. Bei einem Neustart wird das
GMX-MediaCenter automatisch wieder eingehängt, ohne dass Sie sich neu anmelden müssen. Dieser Vorgang dauert allerdings ein paar Sekunden, was in
der Systemauslastung in der Taskleiste zu sehen ist. Der Prozessor läuft nach
der Anmeldung einen kurzen Moment mit voller Last. Danach können Sie den
Cloud-Speicher wieder nutzen.

Bild 6.5: Das GMX-MediaCenter im Dateimanager auf dem Raspberry Pi

6.3   Raspberry Pi über das Heimnetz fernsteuern

Über die bereits bei der Ersteinrichtung des Raspberry Pi festgelegte SSH-Verbindung (Secure Shell) lassen sich nicht nur Daten auf den Raspberry Pi und zurück übertragen, man kann sich auch direkt als Benutzer in einer Art Kommandozeilenfenster anmelden und Befehle ausführen oder Programme starten. Auf diese Weise lässt sich der Raspberry Pi ohne eigenen Monitor, ohne Tastatur oder Maus von einem anderen PC im Netzwerk aus nutzen.

❶ Falls Sie bei der Ersteinrichtung den SSH-Server nicht aktiviert hatten, holen Sie das jetzt nach. In den *Advanced Options* des Konfigurationstools sehen Sie den aktuellen Status des SSH-Servers und können diesen auch aktivieren.

```
sudo raspi-config
```

❷ Auf dem PC brauchen Sie für die Verbindung einen SSH-Client, z. B. das kostenlose PuTTY für Windows (*www.putty.org*). Legen Sie in PuTTY eine neue Verbindung an, über Port *22* und Verbindungstyp *SSH*.

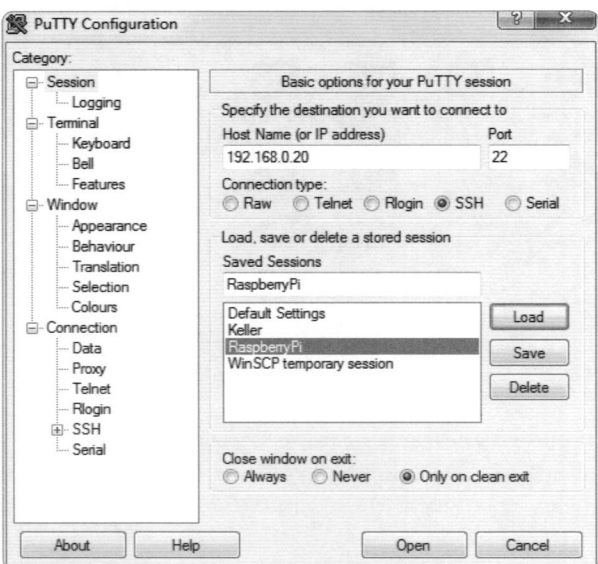

Bild 6.6: Speichern Sie diese Verbindung für die spätere Verwendung.

❸ Die für die Verbindung notwendige IP-Adresse erfahren Sie auf dem Raspberry Pi mit folgendem Befehl:

```
hostname -I
```

❹ In Netzwerken mit dynamischen IP-Adressen kann sich die Adresse des Raspberry Pi unter Umständen bei einem Neustart ändern. Sollte der Router zu oft neue Adressen vergeben, reservieren Sie in der Routerkonfiguration eine Adresse für den Raspberry Pi. In den meisten Fällen ist das einfacher, als direkt auf dem Raspberry Pi eine feste IP-Adresse festzulegen.

❺ Bauen Sie die Verbindung auf und melden Sie sich mit dem Benutzernamen pi und dem Passwort raspberry über die SSH-Verbindung am Raspberry Pi an.

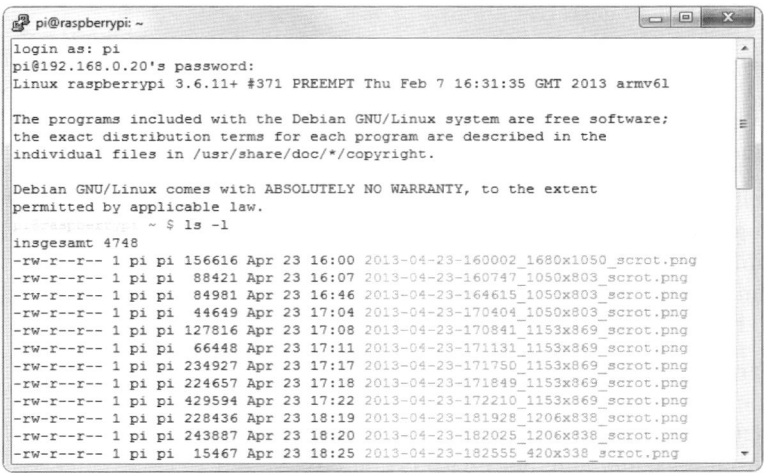

Bild 6.7: PuTTY verhält sich unter Windows wie ein Kommandozeilenfenster auf dem Raspberry Pi.

❻ Über PuTTY können Sie Linux-Kommandozeilenbefehle wie auch Skripte auf dem Raspberry Pi starten. Diese laufen weiter, selbst wenn die SSH-Verbindung getrennt wird.

SPEZIELLE BEFEHLE UND EINSTELLUNGEN

Klicken Sie auf das Symbol in der linken oberen Ecke des PuTTY-Fensters, so erscheint ein Menü mit speziellen Befehlen zur Steuerung und Konfiguration von PuTTY selbst.

6.3.1   Grafische Raspberry-Pi-Anwendungen auf dem PC nutzen

PuTTY unterstützt nur Konsolenbefehle, keine grafischen Anwendungen. Beim Versuch, eine Anwendung zu starten, die ein grafisches Fenster öffnet, wie z. B. der Bildbetrachter `gpicview`, der Dateimanager `pcmanfm` oder der Editor `leafpad`, erscheinen die unterschiedlichsten Meldungen, die Programme werden aber nicht gestartet.

Der Raspberry Pi verwendet eine X-11-Benutzeroberfläche zur grafischen Darstellung von Fenstern. SSH kann diese X-11-Daten auf einen anderen Computer übertragen. Allerdings muss dort ein X-11-Server installiert sein, was auf Windows-PCs sogar möglich ist.

❶   Stellen Sie als Erstes sicher, dass auf dem Raspberry Pi das X-11 Forwarding eingeschaltet ist. Solange Sie (oder ein Programm) an der Standardkonfiguration von Raspbian nichts geändert haben, sollte dies der Fall sein. Öffnen Sie dazu mit einem Editor die Datei /etc/ssh/sshd_config. Hier muss X11Forwarding auf yes gesetzt werden.

❷   Wenn Sie per SSH auf dem Raspberry Pi angemeldet sind, können Sie den Leafpad-Editor nicht nutzen, da dieser ein grafisches Fenster benötigt. Raspbian liefert für solche Fälle noch einen weiteren, sehr einfachen Editor namens *nano* mit, der im Konsolenfenster läuft.

```
sudo nano /etc/ssh/sshd_config
```

DER NANO-EDITOR

Der Nano-Editor läuft im Kommandozeilenfenster und kann ausschließlich per Tastatur bedient werden. Obwohl er so gut wie keinerlei Bedienungskomfort bietet, ist er erstaunlich leistungsstark.   ▶

DER NANO-EDITOR *(FORTS.)*

Die wichtigsten Befehle werden immer am unteren Bildschirmrand angezeigt, wobei das Zeichen ^ für die Taste [Strg] steht. Da diese Taste in einigen SSH-Anwendungen anderweitig genutzt und nicht als Tastendruck übertragen wird, kann man stattdessen auch die Taste [Esc] zweimal hintereinander drücken, um den entsprechenden Befehl auszuführen.

Die Tastenkombination [Strg]+[G] oder die Taste [F1] liefern Hilfetexte sowie eine Übersicht aller Tastenkombinationen. Noch ausführlichere Informationen finden Sie auf der Webseite des Entwicklers: *www.nano-editor.org*

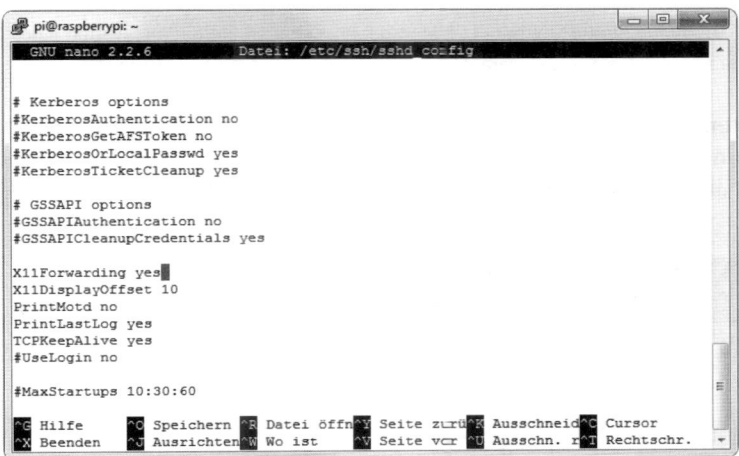

Bild 6.8: Mit dem Nano-Editor lassen sich Dateien auf dem Raspberry Pi auch innerhalb von PuTTY bearbeiten.

❸ Sollte das X-11 Forwarding ausgeschaltet sein, ändern Sie den Parameter in der Datei und starten den Raspberry Pi neu. Auch das ist direkt in PuTTY möglich. Nach dem Neustart müssen Sie sich erneut verbinden und anmelden.

```
sudo reboot
```

❹ Installieren Sie als Nächstes auf dem Windows-PC den X-Server Xming von *sourceforge.net/projects/xming*.

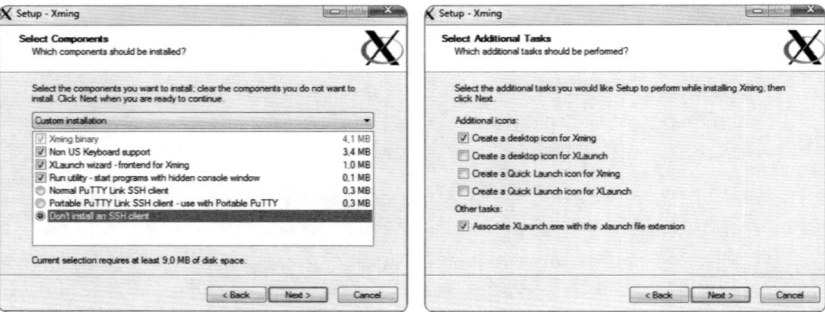

Bild 6.9: Wenn Sie PuTTY bereits laufen haben, schalten Sie die Installation eines SSH-Clients aus. Achten Sie aber darauf, dass *Non US Keyboard Support* ausgewählt ist.

❺ Starten Sie am Ende der Installation den X-Server automatisch. Außer einem neuen Icon im Infobereich der Taskleiste merken Sie davon nichts. Allerdings wird sich je nach Einstellung die Firewall melden.

Bild 6.10: Lassen Sie in der Firewall den Zugriff für Xming im lokalen Netzwerk zu. Andernfalls können Sie sich nicht mit dem Raspberry Pi verbinden.

❻ Beenden Sie die SSH-Verbindung und starten Sie PuTTY neu. Öffnen Sie den Konfigurationsdialog über den Menüpunkt *Change Settings* und laden Sie unter *Session* Ihre gespeicherte Verbindung mit dem Raspberry Pi.

❼ Gehen Sie links im Feld *Category* auf *Connection/SSH/X11* und schalten Sie dort den Schalter *Enable X11 forwarding* ein.

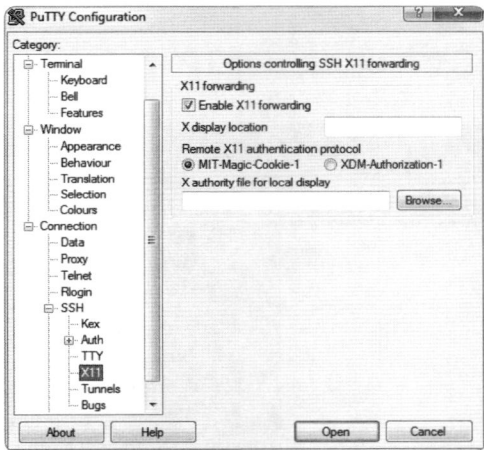

Bild 6.11: X11 Forwarding muss in PuTTY aktiviert sein.

❽ Speichern Sie die Verbindung wieder und starten sie dann erneut. Starten Sie jetzt im PuTTY-Kommandozeilenfenster ein Programm auf dem Raspberry Pi, das eine grafische Oberfläche nutzt, wie z. B. den Bildbetrachter *gpicview*.

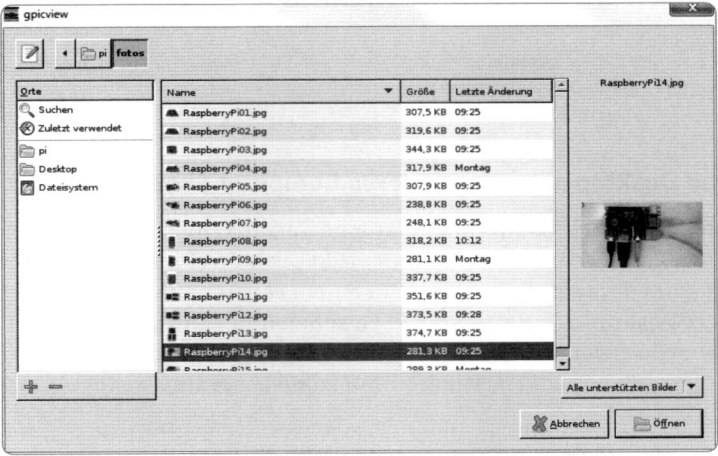

Bild 6.12: X11-Fenster werden als eigene Fenster auf dem Windows-PC geöffnet.

❾ Möchten Sie das PuTTY-Konsolenfenster weiterhin zur Verfügung haben, während ein grafisches Programm läuft, starten Sie dieses im Hintergrund mit einem &-Zeichen:

```
pistore-desktop &
```

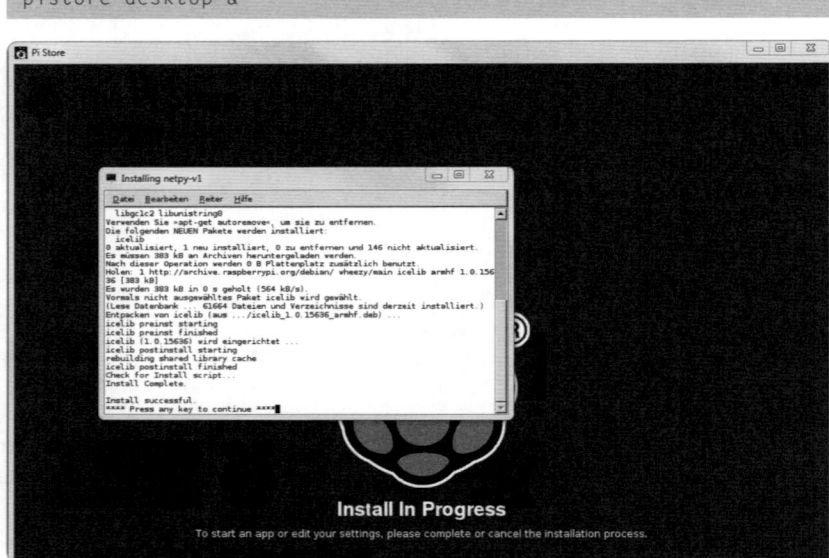

Bild 6.13: Auf diese Weise können Sie auch den Pi Store nutzen, um aus der Ferne über das Netzwerk Programme zu installieren, ohne direkt auf dem Raspberry Pi per Tastatur, Maus und Bildschirm angemeldet sein zu müssen.

6.3.2   Den Desktop auf einen anderen Computer übertragen

VNC – Virtual Network Computing – ist eine Technik, mit der man nicht nur einzelne Programme, sondern den kompletten Desktop eines Computers übertragen und dann darauf arbeiten kann. In einem Fenster auf dem Windows-PC ist der Linux-Desktop des Raspberry Pi zu sehen und kann mit Maus und Tastatur gesteuert werden. Am Raspberry Pi selbst brauchen, nachdem VNC installiert ist, keine Tastatur, kein Monitor und keine Maus angeschlossen zu sein.

VNC benötigt ähnlich wie SSH zwei Komponenten, einen VNC-Server auf dem Raspberry Pi sowie einen VNC-Viewer auf dem PC. Es gibt diverse VNC-Viewer für alle wichtigen Betriebssystemplattformen.

❶ Installieren Sie auf dem Raspberry Pi den VNC-Server *X11VNC* mit den folgenden Befehlen in einem LXTerminal-Fenster. Dieser bietet gegenüber dem einfachen Modul *vncserver* den Vorteil, dass er sich auch zur Zusammenarbeit zweier Personen auf einem Desktop eignet. Der Benutzer direkt am Raspberry Pi sieht, was der Benutzer aus der Ferne tut, und kann auch selbst eingreifen.

```
sudo apt-get update
sudo apt-get install x11vnc
```

❷ Legen Sie jetzt auf dem Raspberry Pi ein Passwort für den VNC-Server, das zur Anmeldung benötigt wird, mit dem folgendem Befehl fest. Dieses sollte ein anderes sein, als zur Anmeldung am Raspberry Pi verwendet wird.

```
x11vnc -storepasswd
```

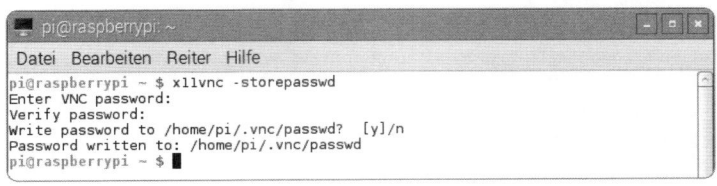

Bild 6.14: Dieser Befehl schreibt das Passwort in die Datei *passwd*.

❸ Starten Sie jetzt den VNC-Server auf dem Raspberry Pi:

```
x11vnc –forever –usepw –geometry 1072x600 -ultrafilexfer
```

❹ Die Parameter haben folgende Bedeutung:

- `forever` lässt den VNC-Server weiterlaufen, wenn eine VNC-Verbindung beendet wurde. So steht er sofort für weitere Verbindungen zur Verfügung. Ohne diesen Parameter wird der VNC-Server beendet, wenn der Benutzer aus der Ferne seine VNC-Verbindung trennt.

- `usepw` **verwendet das zuvor mit** `storepasswd` **gespeicherte Passwort.**

- `geometry` gibt die Bildschirmauflösung des virtuellen Bildschirms auf dem VNC-Viewer an. Die angegebene Größe `1072x600` sollte in den meisten Fällen bei 16:9-Monitoren funktionieren. Nur bei ganz kleinen Bildschirmen, z. B. auf Netbooks, müssen Sie eventuell eine kleinere Auflösung nehmen. Haben Sie am Raspberry Pi einen 4:3-Monitor, verwenden Sie `-geometry 1024x768`. Der VNC-Viewer übernimmt die Auflösung des Raspberry Pi und würde das Bild sonst verzerrt anzeigen.

- `ultrafilexfer` unterstützt die Dateitransferfunktionen von UltraVNC.

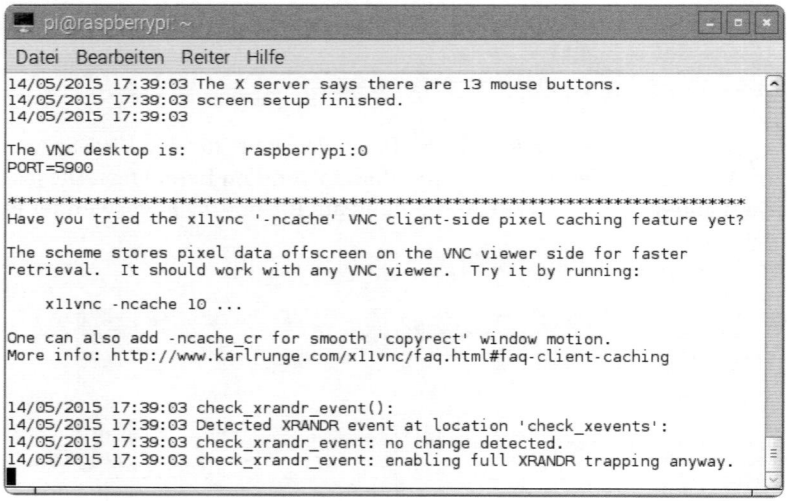

Bild 6.15: Bei erfolgreichem Start werden einige Meldungen angezeigt, die aber, solange keine auffälligen Fehler auftauchen, nicht beachtet werden müssen.

❺ Installieren Sie auf dem PC einen VNC-Viewer. Gut bewährt hat sich UltraVNC von *www.uvnc.com*. Bei der Installation können Sie den Ultra-VNC-Server ausschalten. Für die Verbindung mit dem Raspberry Pi wird nur der UltraVNC-Viewer benötigt.

❻ Starten Sie jetzt den UltraVNC-Viewer und tragen Sie oben im Feld *VNC-Server* die IP-Adresse des Raspberry Pi ein und, mit zwei Doppelpunkten getrennt, den Port `::5900`.

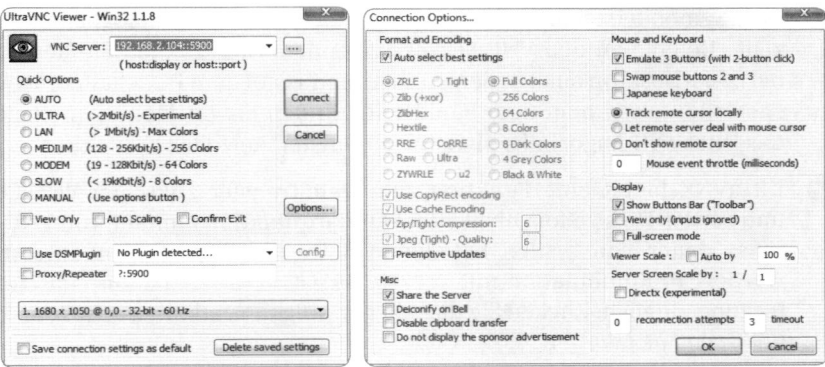

Bild 6.16: Lassen Sie die Verbindungsoptionen auf den Vorgabeeinstellungen stehen, diese funktionieren gut mit dem Raspberry Pi.

❼ Nach erfolgreicher Verbindung erscheint eine Passwortabfrage, bei der Sie das zuvor auf dem Raspberry Pi festgelegte Passwort eingeben. Danach sehen Sie in einem neuen Fenster auf dem Windows-PC den LXDE-Desktop des Raspberry Pi und können diesen mit Maus und Tastatur steuern.

Bild 6.17: Der virtuelle Desktop im VNC-Viewer lässt sich wie der echte Raspberry Pi bedienen.

85

❽ Eine Symbolleiste am oberen Bildschirmrand bietet die Möglichkeit, spezielle Befehle an den VNC-Server zu senden. Hier können Sie den Raspberry-Pi-Desktop auch in den Vollbildmodus auf dem PC schalten. Weitere spezielle, selten benötigte Funktionen finden Sie im Menü per Klick auf das UltraVNC-Logo, links oben in der Fenstertitelzeile.

❾ UltraVNC bietet eine Funktion zum Dateitransfer zwischen VNC-Client und Server. Dies gehört nicht zum Standardfunktionsumfang von VNC und muss daher von beiden beteiligten Softwarekomponenten unterstützt werden. In Kombination mit `x11vnc -ultrafilexfer` ist eine Dateiübertragung möglich. Klicken Sie dazu in der obigen Symbolleiste auf das Symbol *Open File transfer*.

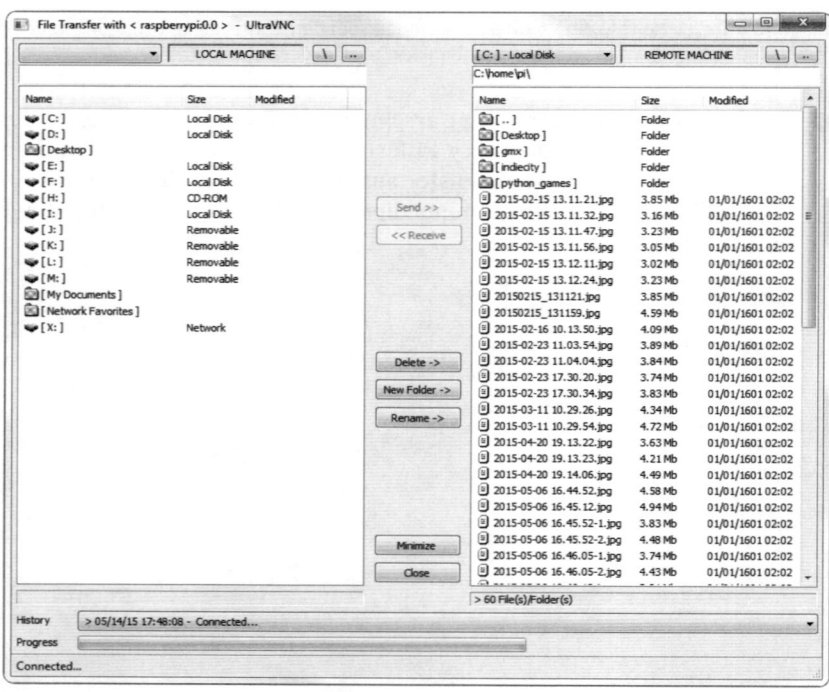

Bild 6.18: Links ist das Dateisystem des lokalen PCs, rechts das des Raspberry Pi zu sehen.

⑩ UltraVNC wurde zunächst für PC-Verbindungen entwickelt. Daher sieht die Verzeichnisstruktur im rechten Fenster beim Start nach Windows aus und zeigt keine wirklichen Linux-Verzeichnisse auf dem Raspberry Pi. Klicken Sie einmal auf das Symbol *[C:]*, oben rechts, um das Hauptverzeichnis anzuzeigen. Darunter finden Sie wie gewohnt alle Verzeichnisse auf dem Raspberry Pi. Wie in einem Dateimanager können Sie Dateien zwischen beiden Geräten hin und her kopieren, sowie auf dem Raspberry Pi Dateien löschen, umbenennen oder neue Verzeichnisse anlegen.

6.3.3   VNC-Server beim Booten automatisch mit starten

Möchten Sie einen Raspberry Pi ohne Monitor und Tastatur ausschließlich per VNC betreiben, muss der VNC-Server beim Booten automatisch mit gestartet werden. Gehen Sie dazu folgendermaßen vor:

❶ Legen Sie das Verzeichnis /home/pi/.config/autostart an. Das Verzeichnis .config ist bereits vorhanden. Es ist aber wie alle Linux-Verzeichnisse, deren Name mit einem Punkt beginnt, nur sichtbar, wenn im Menü des Dateimanagers unter *Ansicht* der Schalter *Versteckte Dateien anzeigen* eingeschaltet ist.

❷ Erstellen Sie in diesem Ordner eine Textdatei mit dem Namen vncboot. desktop, die die Einträge zum Start des VNC-Servers enthält. Stellen Sie dabei den Parameter -geometry auf einen zur verwendeten Hardware passenden Wert ein.

```
001   [Desktop Entry]
002   Encoding=UTF-8
003   Type=Application
004   Name=X11VNC
005   Exec=x11vnc -forever -usepw -geometry 1072x600
      -ultrafilexfer
006   StartupNotify=false
007   Terminal=false
008   Hidden=false
```

❸ Starten Sie jetzt den Raspberry Pi neu. Dazu müssen kein Monitor und keine Tastatur mehr angeschlossen sein. Nach dem Booten können Sie sich per VNC von einem anderen Computer anmelden.

MIT SPASS UND PYTHON PROGRAMMIEREN

Der Raspberry Pi wurde ursprünglich entwickelt, um Kindern und Jugendlichen den Spaß am Programmieren und Basteln mit Elektronik nahezubringen. Zum Einstieg in die Programmierung wurde die Programmiersprache Python vorinstalliert, zum Basteln mit Elektronik befindet sich auf dem Raspberry Pi der sogenannte GPIO-Port, eine frei programmierbare Schnittstelle zum Ansteuern von LEDs und weiterer Hardware. Python überzeugt durch seine klare Struktur, die einen einfachen Einstieg in das Programmieren erlaubt, ist aber auch eine ideale Sprache, um »mal schnell« etwas zu automatisieren, was man sonst von Hand erledigen würde. Da keine Variablendeklarationen, Typen, Klassen oder komplizierte Regeln zu beachten sind, macht das Programmieren wirklich Spaß.

PYTHON 2 ODER 3?

Auf dem Raspberry Pi sind gleich zwei Versionen von Python vorinstalliert. Leider verwendet die neueste Python-Version 3.x teilweise eine andere Syntax als die bewährte Version 2.x, sodass Programme aus der einen Version nicht mit der anderen laufen. Einige wichtige Bibliotheken, wie z. B. das bekannte PyGame zur Programmierung von Spielen und grafischen Bildschirmausgaben im Allgemeinen sind noch nicht für Python 3.x verfügbar. Deshalb und weil auch die meisten im Internet verfügbaren Programme für Python 2.x geschrieben wurden, verwenden wir in diesem Buch die bewährte Python-Version 2.7.3.

7.1 Python-Eingabefenster starten

Python 2.7.3 wird über den Menüpunkt *Python 2* im Startmenü unter *Entwicklung* gestartet. Hier erscheint ein auf den ersten Blick simples Eingabefenster mit einem Befehlsprompt.

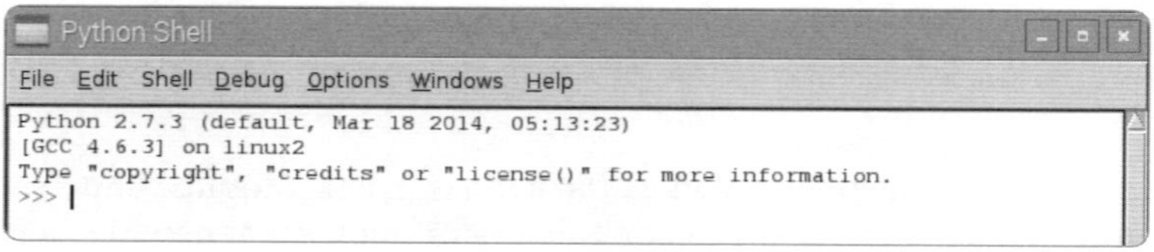

Bild 7.1: Das Eingabefenster der Python-Shell

In diesem Fenster öffnen Sie vorhandene Python-Programme, schreiben neue oder können auch direkt Python-Kommandos interaktiv abarbeiten, ohne ein eigentliches Programm schreiben zu müssen. Geben Sie z. B. am Prompt Folgendes ein:

```
>>> 1+2
```

erscheint sofort die richtige Antwort:

```
3
```

Auf diese Weise lässt sich Python als komfortabler Taschenrechner verwenden, was aber noch nichts mit Programmierung zu tun hat.

Üblicherweise fangen Programmierkurse mit einem *Hallo-Welt*-Programm an, das auf den Bildschirm die Worte »Hallo Welt« schreibt. Dieses Kapitel ist kein kompletter Programmierkurs, aber ein »Hallo Welt« ist in Python derart einfach, dass es sich nicht einmal lohnt, dafür eine eigene Überschrift zu vergeben. Tippen Sie einfach folgende Zeile im Python-Shell-Fenster ein:

```
>>> print "Hallo Welt"
```

Dieses erste »Programm« schreibt dann *Hallo Welt* in die nächste Zeile auf dem Bildschirm.

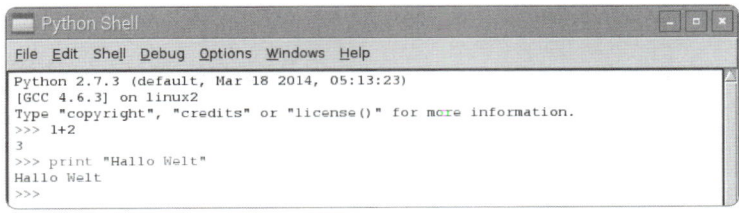

Bild 7.2: *Hallo Welt* in Python (oberhalb ist noch die Ausgabe der Berechnung zu sehen)

Hier sehen Sie auch gleich, dass die Python-Shell zur Verdeutlichung automatisch verschiedene Textfarben verwendet. Python-Kommandos sind orange, Zeichenketten grün und Ergebnisse blau. Später werden Sie noch weitere Farben entdecken.

7.2   Syntaxelemente auf kleinen Spickzetteln

Dieses Kapitel will kein vollständiger Python-Programmierkurs sein. Die wichtigsten Syntaxelemente der Sprache Python werden in Form kleiner »Spickzettel« kurz beschrieben. Diese basieren auf den Python Flashcards von David Whale. Was es damit genau auf sich hat, finden Sie bei: *bit.ly/pythonflashcards*. Diese Flashcards erklären nicht die technischen Hintergründe, sondern beschreiben nur anhand ganz kurzer Beispiele die Syntax, wie etwas gemacht wird. Ausführliche Programmierbeispiele mit Hintergrundwissen folgen danach.

7.2.1   Ausgabe auf dem Bildschirm

Um Texte oder Inhalte von Variablen im Konsolenfenster auszugeben, verwendet Python den Befehl print.

```
001  print "Hallo Welt"
002
003  name = "Fred"
004  print name
005
006  print "Hallo " + name + " wie geht es Dir?"
```

7.2.2   Variablen vom Typ String

String-Variablen enthalten beliebige Zeichenketten und können mit dem +-Operator miteinander verknüpft werden.

```
001  vorname = "Fred"
002  nachname = "Schmidt"
003  name = vorname + " " + nachname
004  gruss = "Hallo "
005  gruss += name
006  print gruss
```

7.2.3   Variablen vom Typ Number

Number-Variablen enthalten Zahlenwerte, mit denen das Programm rechnen kann.

```
001   sekInMin = 60
002   minInStd = 60
003   stdInTag = 24
004   sekInTag = sekInMin * minInStd * stdInTag
005   print sekInTag
```

7.2.4   Eingabe durch den Benutzer

Die Eingabefunktion `raw_input()` ermöglicht Benutzereingaben. Diese werden in String-Variablen gespeichert. Um Zahlen einzugeben, müssen die String-Variablen in Zahlenwerte umgewandelt werden.

```
001   name = raw_input("Wie ist Dein Name?")
002   print "Hallo " + name
003
004   alter = int(raw_input("Wie alt bist Du?"))
005   print "Nächstes Jahr bist Du " + str(alter+1)
```

7.2.5   Bedingungen mit if

Das Wort `if` (englisch: wenn) steht für eine Bedingung. Ist diese erfüllt, wird der folgende eingerückte Programmteil ausgeführt.

```
001   alter=10
002   if alter > 16:
003       print "Du bist fertig mit der Schule"
004   a=1
005   if a==1:
006       print "gleich"
007   if a!=1:
008       print "nicht gleich"                    ▶
```

```
009  if a<1:
010      print "kleiner"
011  if a>1:
012      print "größer"
013  if a<=1:
014      print "kleiner oder gleich"
015  if a>=1:
016      print "größer oder gleich"
```

7.2.6 Bedingungen mit if – else

Hinter dem Programmteil, der ausgeführt wird, wenn die Bedingung erfüllt ist, kann ein weiterer Block mit dem Schlüsselwort else stehen. Der darauf folgende Programmteil wird ausgeführt, wenn die Bedingung nicht erfüllt ist.

```
001  alter=10
002  if alter>17:
003      print "Du darfst Auto fahren"
004  else:
005      print "Du bist nicht alt genug"
```

7.2.7 Bedingungen mit if – elif – else

Gibt es mehr Alternativen, lassen sich mit dem Wort elif weitere Bedingungen einfügen. Diese werden nur abgefragt, wenn keine der vorherigen Bedingungen wahr ist. Ist keine der Bedingungen wahr, wird der letzte Programmblock hinter else ausgeführt.

```
001  alter=10
002  if alter<4:
003      print "Du bist in der Kinderkrippe"
004  elif alter<6:
005      print "Du bist im Kindergarten"
006  elif alter<10:
007      print "Du bist in der Grundschule"
```
▶

```
008   elif alter<19:
009       print "Du bist im Gymnasium"
010   else:
011       print "Du hast die Schule verlassen"
```

7.2.8   Bedingungen mit and und or verknüpfen

Mehrere Bedingungen lassen sich miteinander verknüpfen. Bei einer Verknüpfung mit and müssen alle einzelnen Bedingungen erfüllt sein, bei einer Verknüpfung mit or mindestens eine.

```
001   a=1
002   b=2
003   if a>0 and b>0:
004       print "Beide sind nicht Null"
005
006   if a>0 or b>0:
007       print "Mindestens eine ist nicht Null"
```

7.2.9   Schleifen mit for

Schleifen mit for arbeiten eine bestimmte Anzahl von Durchläufen ab. Dabei kann auch ein Wertebereich oder eine Zeichenfolge angegeben werden. Die Schleife wird dann für jedes Zeichen der Zeichenfolge einmal ausgeführt.

```
001   total=20
002   for n in range(total):
003       print n
004
005   for n in range(1,20):
006       print n
007
008   name="Fred"
009   for ch in name:
010       print ch
```

7.2.10   Schleifen mit while

Schleifen mit while werden so lange ausgeführt, wie die Bedingung erfüllt ist.

```
001   # Bohnen auf einem Schachbrett
002   # lege 1 Bohne auf das erste Feld
003   # lege 2 Bohnen auf das zweite Feld
004   # lege 4 Bohnen auf das dritte Feld
005   # wie lange, bis es 1000 Bohnen sind?
006   felder=0
007   bohnen=1
008   total=0
009   while total<1000:
010       total += bohnen
011       bohnen *= 2
012       felder += 1
013   print "es dauert " + str(felder)
```

Die Zeilen, die mit einem # beginnen, sind Kommentare zur Verständlichkeit des Programms. Diese Zeilen werden vom Python-Interpreter nicht beachtet.

7.2.11   Funktionen ohne Parameter

Soll ein bestimmter Programmteil mehrfach und von verschiedenen Stellen im Programm aufgerufen werden, definieren Sie eine Funktion anstatt den Programmtext immer wieder zu kopieren.

```
001   def meinname():
002       print "Mein Name ist Fred"
003
004   meinname()
005   meinname()
006   meinname()
```

7.2.12   Funktionen mit Parametern

Definiert man mit einer Funktion einen oder mehrere Parameter, liefert die
Funktion verschiedene Ergebnisse je nach den übergebenen Parametern.

```
001  def zeigename(name):
002      print "Mein Name ist " + name
003
004  def info(name, alter):
005      print "Mein Name ist " + name
006      print "Mein Alter ist " + str(alter)
007
008  zeigename("Fred")
009  zeigename("Harry")
010
011  info("Fred", 10)
012  info("Harry", 20)
```

7.2.13   Funktionen mit Rückgabewert

Eine Funktion kann einen Wert zurückgeben, der mit return definiert wird.
Der aufrufende Programmteil kann anschließend mit dem Rückgabewert der
Funktion weiterrechnen.

```
001  def quadrat(n):
002      return n*n
003
004  print quadrat(5)
005  print quadrat(10)
006
007  a=100
008  print quadrat(a)
009  print quadrat(a+10)
010
011  b=quadrat(a)
012  print b
```

7.2.14   Boolesche Wahr- und Falsch-Werte

Kann ein Wert nur den Zustand »Wahr« (True) oder »Falsch« (False) annehmen, kann dies als boolescher Wert gespeichert und ganz einfach abgefragt
werden. Es ist kein Umweg über Zahlen, wie z. B. 1 oder 0, nötig.

```
001   nochmal = True
002   while nochmal:
003       print "Hallo"
004
005       antwort = raw_input("Nochmal spielen?")
006       if antwort != "Ja" and antwort != "ja":
007           nochmal = False
008
009       print "denke..."
010       if nochmal:
011           print "Noch eine Runde"
```

7.3   Rate die Zahl: Das erste Spiel mit Python

Anstatt uns mit Programmiertheorie, Algorithmen und Datentypen aufzuhal-
ten, schreiben wir gleich das erste kleine Spiel in Python, ein einfaches Rate-
spiel, in dem eine vom Computer zufällig gewählte Zahl vom Spieler in mög-
lichst wenigen Schritten erraten werden soll.

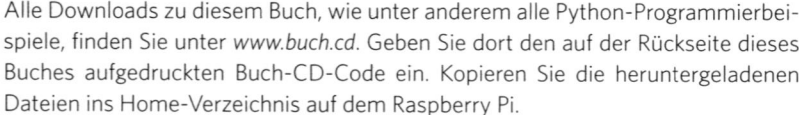

WWW.BUCH.CD

Alle Downloads zu diesem Buch, wie unter anderem alle Python-Programmierbei-
spiele, finden Sie unter *www.buch.cd*. Geben Sie dort den auf der Rückseite dieses
Buches aufgedruckten Buch-CD-Code ein. Kopieren Sie die heruntergeladenen
Dateien ins Home-Verzeichnis auf dem Raspberry Pi.

❶ Wählen Sie im Menü der Python-Shell *File/New Window*. Hier öffnet sich
ein neues Fenster, in das Sie den folgenden Programmcode eintippen. Al-
ternativ öffnen Sie über *File/Open* die Datei spiel1.py aus dem Download.

```
001  import random
002  zahl = random.randrange (0, 1000)
003  tipp = 0
004  i = 0
005
006  while tipp != zahl:
007      tipp = input("Dein Tipp:")
008      if tipp > zahl:
009          print "Die gesuchte Zahl ist kleiner als ",tipp
010
011      if tipp < zahl:
012          print "Die gesuchte Zahl ist größer als ",tipp
013
014      i += 1
015  print "Du hast die Zahl beim ",i,". Tipp erraten"
```

❷ Speichern Sie die Datei über *File/Save As* als spiel1.py ab. Die Farb-
codierung im Quelltext erscheint automatisch und hilft dabei, Tippfehler
zu finden.

❸ Bevor Sie das Spiel starten,
müssen Sie noch eine Beson-
derheit der deutschen Sprache berücksichtigen, nämlich
die Umlaute. Python läuft
auf verschiedensten Computerplattformen, die Umlaute
unterschiedlich   codieren.
Damit sie richtig dargestellt
werden, wählen Sie im Menü
Options/Configure IDLE und
schalten auf der Registerkar-
te *General* die Option *Loca-
le-defined* im Bereich *Default
Source Encoding* ein.

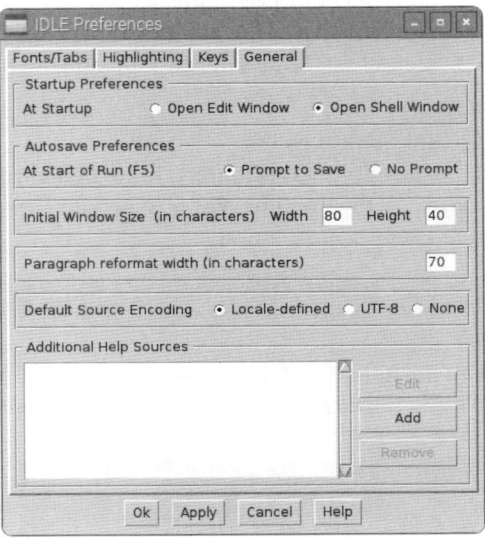

Bild 7.3: Die richtige Einstellung
zur Darstellung von Umlauten in
Python

❹ Starten Sie jetzt das Spiel mit der Taste F5 oder dem Menüpunkt *Run/ Run Module.*

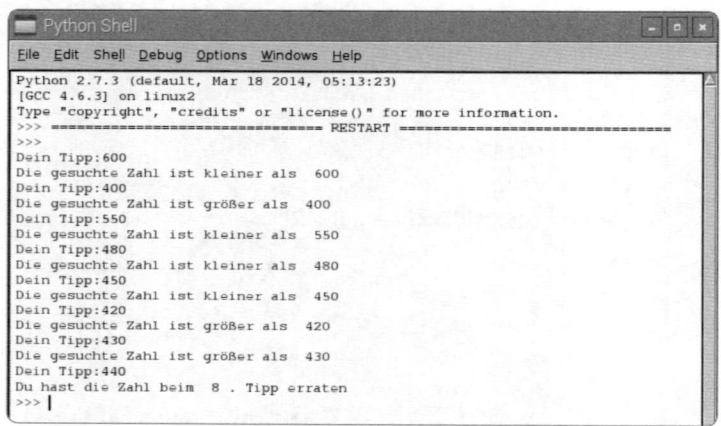

Bild 7.4: Zahlenraten in Python

❺ Das Spiel verzichtet der Einfachheit halber auf jede grafische Oberfläche sowie auf erklärende Texte oder Plausibilitätsabfragen. Im Hintergrund generiert der Computer eine Zufallszahl zwischen 0 und 1000. Geben Sie einfach einen Tipp ab, und Sie erfahren, ob die gesuchte Zahl größer oder kleiner ist. Mit weiteren Tipps tasten Sie sich an die richtige Zahl heran.

So funktioniert es

Dass das Spiel funktioniert, lässt sich einfach ausprobieren. Jetzt stellen sich natürlich die Fragen: Was passiert im Hintergrund? Was bedeuten die einzelnen Programmzeilen?

```
import random
```

Um die zufällige Zahl zu generieren, wird ein externes Python-Modul namens random importiert, das diverse Funktionen für Zufallsgeneratoren enthält.

```
zahl = random.randrange (0, 1000)
```

Die Funktion randrange aus dem Modul random generiert eine Zufallszahl in dem durch die Parameter begrenzten Zahlenbereich, hier zwischen 0 und 1000. Diese Zufallszahl wird in der Variablen zahl gespeichert. Variablen sind in Python Speicherplätze, die einen beliebigen Namen haben und Zahlen, Zeichenfolgen, Listen oder andere Datenarten speichern können. Anders als bei einigen anderen Programmiersprachen müssen sie nicht vorher deklariert werden.

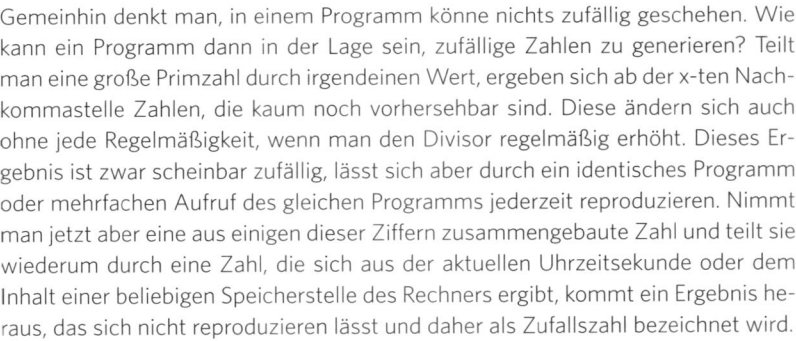

WIE ENTSTEHEN ZUFALLSZAHLEN?

Gemeinhin denkt man, in einem Programm könne nichts zufällig geschehen. Wie kann ein Programm dann in der Lage sein, zufällige Zahlen zu generieren? Teilt man eine große Primzahl durch irgendeinen Wert, ergeben sich ab der x-ten Nachkommastelle Zahlen, die kaum noch vorhersehbar sind. Diese ändern sich auch ohne jede Regelmäßigkeit, wenn man den Divisor regelmäßig erhöht. Dieses Ergebnis ist zwar scheinbar zufällig, lässt sich aber durch ein identisches Programm oder mehrfachen Aufruf des gleichen Programms jederzeit reproduzieren. Nimmt man jetzt aber eine aus einigen dieser Ziffern zusammengebaute Zahl und teilt sie wiederum durch eine Zahl, die sich aus der aktuellen Uhrzeitsekunde oder dem Inhalt einer beliebigen Speicherstelle des Rechners ergibt, kommt ein Ergebnis heraus, das sich nicht reproduzieren lässt und daher als Zufallszahl bezeichnet wird.

```
tipp = 0
```

Die Variable tipp enthält später die Zahl, die der Benutzer tippt. Am Anfang ist sie 0.

```
i = 0
```

Die Variable i hat sich unter Programmierern als Zähler für Programmschleifendurchläufe eingebürgert. Hier wird sie verwendet, um die Anzahl der Versuche zu zählen, die der Benutzer brauchte, um die geheime Zahl zu erraten. Auch diese Variable steht am Anfang auf 0.

```
while tipp != zahl:
```

Das Wort `while` (englisch für »solange«) leitet eine Programmschleife ein, die in diesem Fall so lange wiederholt wird, wie `tipp`, die Zahl, die der Benutzer tippt, ungleich der geheimen Zahl `zahl` ist. Python verwendet die Zeichenkombination `!=` für ungleich. Hinter dem Doppelpunkt folgt die eigentliche Programmschleife.

```
tipp = input("Dein Tipp:")
```

Die Funktion `input` schreibt den Text `Dein Tipp:` und erwartet danach eine Eingabe, die in der Variablen `tipp` gespeichert wird.

EINRÜCKUNGEN SIND IN PYTHON WICHTIG

In den meisten Programmiersprachen werden Programmschleifen oder Entscheidungen eingerückt, um den Programmcode übersichtlicher zu machen. In Python dienen diese Einrückungen nicht nur der Übersichtlichkeit, sondern sind für die Programmlogik zwingend nötig. Dafür braucht man in dieser Sprache keine speziellen Satzzeichen, um Schleifen oder Entscheidungen zu beenden.

```
if tipp > zahl:
```

Wenn die vom Benutzer getippte Zahl `tipp` größer als die geheime Zahl `zahl` ist, dann ...

```
    print "Die gesuchte Zahl ist kleiner als ",tipp
```

... wird dieser Text ausgegeben. Am Ende steht hier die Variable `tipp`, damit die getippte Zahl im Text angezeigt wird. Trifft diese Bedingung nicht zu, wird die eingerückte Zeile einfach übergangen.

```
if tipp < zahl:
```

Wenn die vom Benutzer getippte Zahl `tipp` kleiner als die geheime Zahl `zahl` ist, dann ...

```
    print "Die gesuchte Zahl ist größer als ",tipp
```

... wird ein anderer Text ausgegeben.

```
i += 1
```

In jedem Fall – deshalb nicht mehr eingerückt – wird der Zähler i, der die Versuche zählt, um 1 erhöht. Die Zeile mit dem Operator += bedeutet das Gleiche wie: i = i + 1

```
print "Du hast die Zahl beim ",i,". Tipp erraten"
```

Diese Zeile ist nicht mehr eingerückt, was bedeutet, dass hier auch die while-Schleife zu Ende ist. Trifft also deren Bedingung nicht mehr zu, ist die vom Benutzer getippte Zahl tipp nicht mehr ungleich (sondern gleich) der geheimen Zahl zahl und es wird dieser Text ausgegeben, der sich aus zwei Satzteilen und der Variablen i zusammensetzt. Er gibt an, wie viele Versuche der Benutzer benötigte.

7.4 LEDs via GPIO-Ports leuchten lassen

Die 40-polige Stiftleiste in der Ecke des Raspberry Pi 2 bietet die Möglichkeit, direkt Hardware anzuschließen, um z. B. über Taster Eingaben zu machen oder programmgesteuert LEDs leuchten zu lassen. Diese Stiftleiste wird als GPIO bezeichnet. Die englische Abkürzung *General Purpose Input Output* bedeutet auf Deutsch einfach *Allgemeine Ein- und Ausgabe*.

Von diesen Pins lassen sich alle nur mit einer Zahl bezeichneten wahlweise als Eingang oder Ausgang programmieren und so für vielfältige Hardwareerweiterungen nutzen. Die übrigen sind für Stromversorgung und andere Zwecke fest eingerichtet.

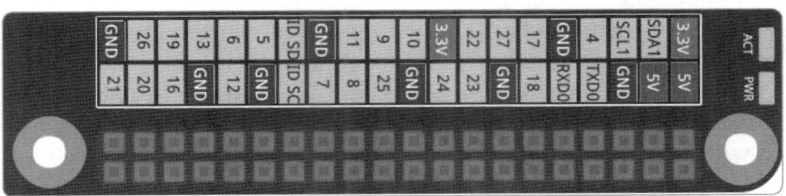

Bild 7.5: Belegung der GPIO-Schnittstelle am Raspberry Pi 2. Die rechte Bohrung kennzeichnet die Ecke der Platine. Die 5-V-Pins liegen also ganz in der Ecke des Raspberry Pi.

VORSICHT

Verbinden Sie auf keinen Fall irgendwelche GPIO-Pins miteinander und warten ab, was passiert, sondern beachten Sie unbedingt folgende Hinweise:

- Einige GPIO-Pins sind direkt mit Anschlüssen des Prozessors verbunden. Ein Kurzschluss kann den Raspberry Pi komplett zerstören. Verbindet man über einen Schalter oder eine LED zwei Pins miteinander, muss immer ein Vorwiderstand dazwischengeschaltet werden.

- Verwenden Sie für Logiksignale immer den Pin 1 (rechts außen, obere Stiftleiste), der +3,3 V liefert und bis 50 mA belastet werden kann. Pin 6 (dritter von rechts, untere Stiftleiste) ist die Masseleitung für Logiksignale. Die anderen mit *GND* oder *3.3V* bezeichneten Pins sind für spätere Erweiterungen vorgesehen. Diese können zurzeit wie bezeichnet verwendet werden. Man sollte dies aber nicht tun, um die eigenen Projekte auch auf zukünftigen Raspberry-Pi-Versionen nutzen zu können.

- Jeder GPIO-Pin kann als Ausgang (z. B. für LEDs) oder als Eingang (z. B. für Taster) geschaltet werden. GPIO-Ausgänge liefern im Logikzustand *1* eine Spannung von +3,3 V, im Logikzustand *0* liefern sie 0 V. GPIO-Eingänge liefern bei einer Spannung bis +1,7 V das Logiksignal *0*, bei einer Spannung zwischen +1,7 V und +3,3 V das Logiksignal *1*.

- Pin 2 (rechts außen, untere Stiftleiste) liefert +5 V zur Stromversorgung externer Hardware. Hier kann so viel Strom entnommen werden, wie das USB-Netzteil des Raspberry Pi liefert. Dieser Pin darf aber nicht mit einem GPIO-Eingang verbunden werden.

Zusatzplatinen zum Basteln mit externer Hardware schließen Sie am besten über ein Flachbandkabel mit einem sogenannten Pfostenverbinder an. Derartige Kabel finden Sie für wenig Geld im Elektronikhandel oder sogar ganz kostenlos bei vielen Computerbastlern, denn mit den meisten Motherboards werden heute noch Anschlusskabel für IDE-Festplatten und einen Parallelport mitgeliefert, die aber meist nicht benötigt werden. Diese Festplattenkabel haben einen 40-poligen Anschluss, der genau auf den GPIO-Port des Raspberry Pi 2, wie auch der Modelle B+ und A+, passt. Die rote Ader ganz außen markiert den Pin 1.

Bild 7.6: Oben: Flachbandkabel, unten: einzelne Kabel aus einem ausgedienten PC, jeweils am GPIO-Port.

Benötigen Sie nur einzelne Pins, können Sie den Kabelstrang für die Front-LEDs und Reset-Taster aus einem ausgedienten Computergehäuse verwenden.

Die Kontakte, mit denen diese Kabel am Motherboard angeschlossen sind, passen auf den GPIO-Port. Hier haben Sie auch gleich LEDs zur Verfügung. Nur die Schutzwiderstände von 220 Ohm sollten Sie noch einlöten.

LÖTEN – EINFACH UND RICHTIG

Wer sich mit Hardwarebasteleien rund um den Raspberry Pi beschäftigt, wird ab und an auch mal etwas löten müssen. Für den Profi ist das kein Problem, für den Anfänger eigentlich auch nicht, wenn er ein paar wichtige Tipps beachtet. *Löten ist einfach* ist ein unterhaltsamer Comic mit Basiswissen für Hobbylöter: *bit.ly/178qobA*.

7.4.1   Elektronische Schaltungen ohne Löten aufbauen

Für den schnellen Aufbau elektronischer Schaltungen ohne Löten eignen sich Steckplatinen, sogenannte Breadboards, besonders gut. Hier können elektronische Bauteile direkt in ein Lochraster mit Standardabständen eingesteckt werden, ohne dass man löten muss. Bei diesen Platinen sind die äußeren Längsreihen von Kontakten alle miteinander verbunden. Diese Kontaktreihen werden als »+«- und »-«-Pol zur Stromversorgung der Schaltung genutzt. Die anderen Kontaktreihen sind jeweils quer miteinander verbunden, wobei in der Mitte der Platine eine Lücke ist. So können hier in der Mitte ICs oder andere Bauelemente eingesteckt und nach außen hin verdrahtet werden.

7.4.2   LEDs an die GPIO-Ports anschließen

An die GPIO-Ports können für Lichtsignale und Lichteffekte LEDs angeschlossen werden. Dabei muss zwischen dem verwendeten GPIO-Pin und der Anode der LED ein 220-Ohm-Vorwiderstand eingebaut werden. Die Kathode der LED verbindet man mit der Masseleitung auf Pin 6.

LED IN WELCHER RICHTUNG ANSCHLIESSEN?

Die beiden Anschlussdrähte einer LED sind unterschiedlich lang. Der längere von beiden ist der »+«-Pol, die Anode, der kürzere die Kathode. Einfach zu merken: Das »+«-Zeichen hat einen Strich mehr als das »-«-Zeichen und macht damit den Draht etwas länger. Außerdem sind die meisten LEDs auf der »-«-Seite abgeflacht, wie eben ein »-«-Zeichen. *Kurz - Kante - Kathode*

Bild 7.7: Eine LED leuchtet am GPIO-Port 25.

Schließen Sie, wie auf dem Foto und auf der Zeichnung zu sehen, auf einer Steckplatine oder auch mit »fliegender« Verdrahtung eine LED über einen 220-Ohm-Vorwiderstand am GPIO-Port 25 an und verbinden Sie den »-«-Pol der LED mit der Masseleitung. Bei einer Steckplatine brauchen Sie dazu nur die Masseschiene mit dem GND-Pin zu verbinden.

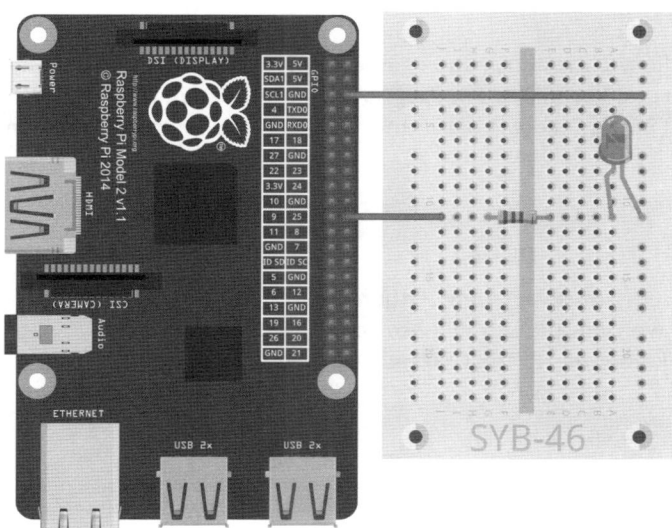

fritzing

Bild 7.8: Schalt-schema der LED am GPIO-Port 25

7.4.3   Die Python-GPIO-Bibliothek

Die GPIO-Ports sind, wie unter Linux für alle Geräte üblich, wie Dateien in die Verzeichnisstruktur eingebunden. Zum Zugriff auf diese Dateien braucht man root-Rechte. Starten Sie also die Python-Shell mit root-Rechten über ein LX-Terminal:

```
sudo idle
```

Das Python-Programm led.py schaltet die LED für fünf Sekunden ein und danach wieder aus:

```
001  import RPi.GPIO as GPIO
002  import time
003
004  GPIO.setmode(GPIO.BCM)
005  GPIO.setup(25, GPIO.OUT)
006  GPIO.output(25, 1)
007  time.sleep(5)
008  GPIO.output(25, 0)
009  GPIO.cleanup()
```

Das Beispiel zeigt die wichtigsten grundlegenden Funktionen der RPi.GPIO-Bibliothek. In diesem und den folgenden Programmen verwenden wir nur GPIO-Pins aus den ersten 26, damit die Programme auf allen Raspberry-Pi-Modellen funktionieren.

```
import RPi.GPIO as GPIO
```

Die Bibliothek RPi.GPIO muss in jedem Python-Programm importiert werden, in dem sie genutzt werden soll. Durch diese Schreibweise können alle Funktionen der Bibliothek über das Präfix GPIO angesprochen werden.

```
import time
```

Die Bibliothek `time` hat nichts mit GPIO-Programmierung zu tun. Diese sehr bekannte Python-Bibliothek enthält Funktionen zur Zeit- und Datumsberechnung, unter anderem auch eine Funktion `time.sleep()`, mit der sich auf einfache Weise Wartezeiten in einem Programm realisieren lassen.

```
GPIO.setmode(GPIO.BCM)
```

Am Anfang jedes Programms muss definiert werden, wie die GPIO-Ports bezeichnet sind. Üblicherweise verwendet man die Standardnummerierung.

NUMMERIERUNG DER GPIO-PORTS

Die Bibliothek `RPi.GPIO` unterstützt zwei verschiedene Methoden zur Bezeichnung der Ports. Im Modus BCM werden die bekannten GPIO-Portnummern verwendet, die auch auf Kommandozeilenebene oder in Shell-Skripten verwendet werden. Im alternativen Modus BOARD entsprechen die Bezeichnungen den Pin-Nummern auf der Raspberry-Pi-Platine, von 1 bis 40.

```
GPIO.setup(25, GPIO.OUT)
```

Die Funktion `GPIO.setup` initialisiert einen GPIO-Port als Ausgang oder als Eingang. Der erste Parameter bezeichnet den Port je nach vorgegebenem Modus BCM oder BOARD mit seiner GPIO-Nummer oder Pin-Nummer. Der zweite Parameter kann entweder `GPIO.OUT` für einen Ausgang oder `GPIO.IN` für einen Eingang sein.

```
GPIO.output(25, 1)
```

Auf dem soeben initialisierten Port wird eine 1 ausgegeben. Die dort angeschlossene LED leuchtet. Statt der 1 können auch die vordefinierten Werte `True` oder `GPIO.HIGH` ausgegeben werden.

```
time.sleep(5)
```

Diese Funktion aus der am Anfang des Programms importierten `time`-Bibliothek bewirkt eine Wartezeit von fünf Sekunden, bevor das Programm weiterläuft.

```
GPIO.output(25, 0)
```

Zum Ausschalten der LED gibt man den Wert 0 bzw. `False` oder `GPIO.LOW` auf dem GPIO-Port aus.

```
GPIO.cleanup()
```

Am Ende eines Programms müssen alle GPIO-Ports wieder zurückgesetzt werden. Diese Zeile erledigt das für alle vom Programm initialisierten GPIO-Ports auf einmal. Ports, die von anderen Programmen initialisiert wurden, bleiben unberührt. So wird der Ablauf dieser anderen, möglicherweise parallel laufenden Programme nicht gestört.

GPIO-WARNUNGEN ABFANGEN

Soll ein GPIO-Port konfiguriert werden, der nicht sauber zurückgesetzt wurde, sondern möglicherweise von einem anderen oder einem abgebrochenen Programm noch geöffnet ist, kommt es zu Warnmeldungen, die jedoch den Programmfluss nicht unterbrechen. Während der Programmentwicklung können diese Warnungen sehr nützlich sein, um Fehler zu entdecken. In einem fertigen Programm können sie einen unbedarften Anwender aber verwirren. Deshalb bietet die GPIO-Bibliothek mit `GPIO.setwarnings(False)` die Möglichkeit, diese Warnungen zu unterdrücken.

7.5   LED-Lauflichter erregen Aufmerksamkeit

Lauflichter sind immer wieder beliebte Effekte, um Aufmerksamkeit zu erregen, sei es im Partykeller oder in professioneller Leuchtwerbung. Mit dem Raspberry Pi und ein paar LEDs lässt sich so etwas leicht realisieren. Bauen Sie dazu die abgebildete Schaltung auf einer Steckplatine nach oder schließen Sie acht LEDs mit Vorwiderständen an den entsprechenden GPIO-Ports an.

fritzing

Bild 7.9: Lauflicht mit acht LEDs an den GPIO-Ports 7, 8, 25, 10, 24, 23, 27 und 18

Das folgende Programm lauflicht.py zeigt anhand eines LED-Lauflichts weitere Programmiertechniken in Python.

```
001   import RPi.GPIO as GPIO
002   import time
003
004   GPIO.setmode(GPIO.BCM)
005   LED = [7,8,25,10,24,23,27,18]
006                                                    ▶
```

```
007  for x in range(8):
008      GPIO.setup(LED[x], GPIO.OUT, initial=0)
009
010  print ("Lauflicht")
011  print ("L = nach links")
012  print ("R = nach rechts")
013  print ("S = symmetrisch")
014  print ("Strg+C beendet das Programm")
015  e = raw_input ("Bitte Buchstaben eintippen: ")
016  z = 0.2
017
018  try:
019      while True:
020          if e == "r":
021              for x in range(8):
022                  GPIO.output(LED[x], 1)
023                  time.sleep(z)
024                  GPIO.output(LED[x], 0)
025          elif e == "l":
026              for x in range(7, -1, -1):
027                  GPIO.output(LED[x], 1)
028                  time.sleep(z)
029                  GPIO.output(LED[x], 0)
030          elif e == "s":
031              for x in range(4):
032                  GPIO.output(LED[4+x], 1)
033                  GPIO.output(LED[3-x], 1)
034                  time.sleep(z)
035                  GPIO.output(LED[4+x], 0)
036                  GPIO.output(LED[3-x], 0)
037          else:
038              for x in range(8):
039                  GPIO.output(LED[x], 1)
040
041  except KeyboardInterrupt:
042      GPIO.cleanup()
```

So funktioniert es

Die ersten Zeilen sind bereits bekannt, sie importieren die Bibliotheken RPi. GPIO für die Ansteuerung der GPIO-Ports und time für Zeitverzögerungen. Danach wird die Nummerierung der GPIO-Ports wie im vorherigen Beispiel auf BCM gesetzt.

```
005   LED = [7,8,25,10,24,23,27,18]
```

Zur Ansteuerung der acht LEDs wird ein Array eingerichtet, das die GPIO-Nummern in der Reihenfolge enthält, in der die LEDs auf der Steckplatine verbaut sind. Mit dieser Methode brauchen Sie sich die Portnummern nicht zu merken, sondern können die LEDs mit Nummern von 0 bis 7 ansprechen. Bei eigenen LED-Konstruktionen tragen Sie die verwendeten GPIO-Portnummern entsprechend in das Array ein.

```
007   for x in range(8):
008       GPIO.setup(LED[x], GPIO.OUT, initial=0)
```

Jetzt startet eine Schleife, die genau achtmal durchläuft und einen GPIO-Port aus dem Array nach dem anderen ansteuert. Die Ports werden als Ausgang definiert und gleich auf »ausgeschaltet« gesetzt, damit sie einen definierten Status haben.

```
010   print ("Lauflicht")
011   print ("L = nach links")
012   print ("R = nach rechts")
013   print ("S = symmetrisch")
014   print ("Strg+C beendet das Programm")
```

Diese Zeilen geben eine kurze Bedienungsanleitung aus. Durch Eingabe des Buchstabens L, R oder S soll das Lauflicht gestartet werden und nach links, nach rechts oder symmetrisch von der Mitte aus laufen. Die Tastenkombination Strg+C soll das Programm beenden.

```
015   e = raw_input ("Bitte Buchstaben eintippen: ")
```

Das Programm wartet, bis der Benutzer einen Buchstaben eingibt und die
Enter -Taste drückt. Dafür eignet sich die Funktion `raw_input` gut, da hier die
Eingabe als Zeichenfolge und nicht als Python-Code wie bei `input` ausgewertet
wird. Das Programm läuft erst weiter, nachdem der Benutzer eine beliebige
Eingabe mit einem Druck auf die Enter -Taste abgeschlossen hat. Diese Ein-
gabe wird in der Variablen e gespeichert.

```
016   z = 0.2
```

In der Variablen z wird die Zeit angegeben, wie lange eine LED im Lauflicht
leuchten soll. Die Vorgabe sind 0,2 Sekunden. Natürlich könnte man die Zeit
auch jedes Mal im Programm direkt eintragen. Diese Methode hat den Vorteil,
dass sich die Zeit leicht durch eine einzige Änderung verändern lässt. Das Programm liest immer nur die einmal festgelegte Variable.

```
018   try:
```

Um abzufragen, ob der Benutzer mit Strg + C das Programm beendet, verwenden wir hier eine `try/except`-Abfrage. Dabei wird der unter `try:` ein-
getragene Programmcode normal ausgeführt. Wenn währenddessen eine
Systemausnahme auftritt – das kann ein Fehler sein oder auch die Tastenkombination Strg + C –, wird abgebrochen und die `except`-Anweisung ausgeführt.

```
019       while True :
```

Jetzt startet eine Endlosschleife, die nur durch die Tastenkombination
Strg + C abgebrochen werden kann, da sie selbst keine Abbruchbedingung
enthält. Innerhalb der Schleife können vier verschiedene Programmblöcke ablaufen, je nachdem, welchen Buchstaben der Benutzer eingegeben hat. Dies
wird mithilfe einer `if/elif/else`-Abfrage geprüft.

```
020           if e == "r":
021               for x in range(8):
022                   GPIO.output(LED[x], 1)
023                   time.sleep(z)
024                   GPIO.output(LED[x], 0)
```

Hat der Benutzer ein r eingegeben, läuft eine Schleife achtmal durch, wobei der Zähler x die Werte 0 bis 7 annimmt. In jedem Durchlauf wird die entsprechende LED aus dem Array eingeschaltet und nach Ablauf der Zeit z wieder ausgeschaltet. Danach folgt das Gleiche mit der nächsten LED, wodurch der Lauflichteffekt entsteht. Nach dem kompletten Durchlauf der for-Schleife wird die while True-Schleife wiederholt und das Lauflicht läuft endlos weiter.

```
025        elif e == "l":
026            for x in range(7, -1, -1):
027                GPIO.output(LED[x], 1)
028                time.sleep(z)
029                GPIO.output(LED[x], 0)
```

Hat der Benutzer ein l eingegeben, startet eine ähnliche Schleife. Hier werden die LEDs aber nicht von 0 bis 7 durchgezählt, sondern in umgekehrter Reihenfolge. Dazu gibt man in der Funktion range() statt einem drei Werte an. Der erste Wert gibt den Startwert an, hier 7, die letzte LED im Array. Der zweite Wert gibt das Ende der Zählung an, das ist die Zahl, die gerade nicht mehr erreicht wird. Da bis zur LED mit der Nummer 0 heruntergezählt werden soll, ist -1 die erste Zahl, die nicht mehr erreicht wird, also das Ende der Schleife. Der dritte Wert, hier -1, bezeichnet die Schrittweite bei der Zählung. Auch in dieser Schleife wird jede LED eingeschaltet und nach Ablauf der Zeit z wieder ausgeschaltet.

```
030        elif e == "s":
031            for x in range(4):
032                GPIO.output(LED[4+x], 1)
033                GPIO.output(LED[3-x], 1)
034                time.sleep(z)
035                GPIO.output(LED[4+x], 0)
036                GPIO.output(LED[3-x], 0)
```

Hat der Benutzer ein s eingegeben, läuft eine Schleife nur viermal durch und schaltet je zwei LEDs gleichzeitig ein und nach Ablauf der Zeit z wieder aus. Von der Mitte beginnend leuchten die LEDs 4 bis 7 und 3 bis 0 jeweils paarweise.

```
037        else:
038            for x in range(8):
039                GPIO.output(LED[x], 1)
```

Hat der Benutzer irgendetwas anderes eingegeben – und damit muss ein Programm immer rechnen – werden alle acht LEDs dauerhaft eingeschaltet, ohne Lauflicht. In jedem Fall startet nach all diesen Aktionen die while True-Schleife wieder von vorne.

Sollte der Benutzer zwischenzeitlich die Tastenkombination Strg + C gedrückt haben, wird ein KeyboardInterrupt ausgelöst und die Schleife wird verlassen.

```
041  except KeyboardInterrupt:
042      GPIO.cleanup()
```

Diese Zeilen schließen die verwendeten GPIO-Ports und beenden das Programm. Durch diese Methode tauchen keine Systemwarnungen oder Abbruchmeldungen auf, die den Benutzer verwirren könnten.

Bild 7.10: Lauflicht mit acht LEDs auf einer Steckplatine

7.6   IP-Adresse mit blinkender LED anzeigen

Wer einen Raspberry Pi ohne Tastatur und Monitor nur über das Netzwerk betreibt, braucht dessen IP-Adresse, um die SSH-Verbindung aufbauen zu können. Diese Adresse kann man mit Netzwerkscannersoftware herausfinden. Wesentlich interessanter ist es, die IP-Adresse direkt auf dem Raspberry Pi mit einer LED anzeigen zu lassen. Zeigt man die Ziffern der IP-Adresse einzeln nacheinander durch Blinkzeichen an, wird nur eine einzige LED an einem beliebigen GPIO-Anschluss benötigt, die sich in einem Raspberry-Pi-Gehäuse oder frei fliegend anbringen lässt.

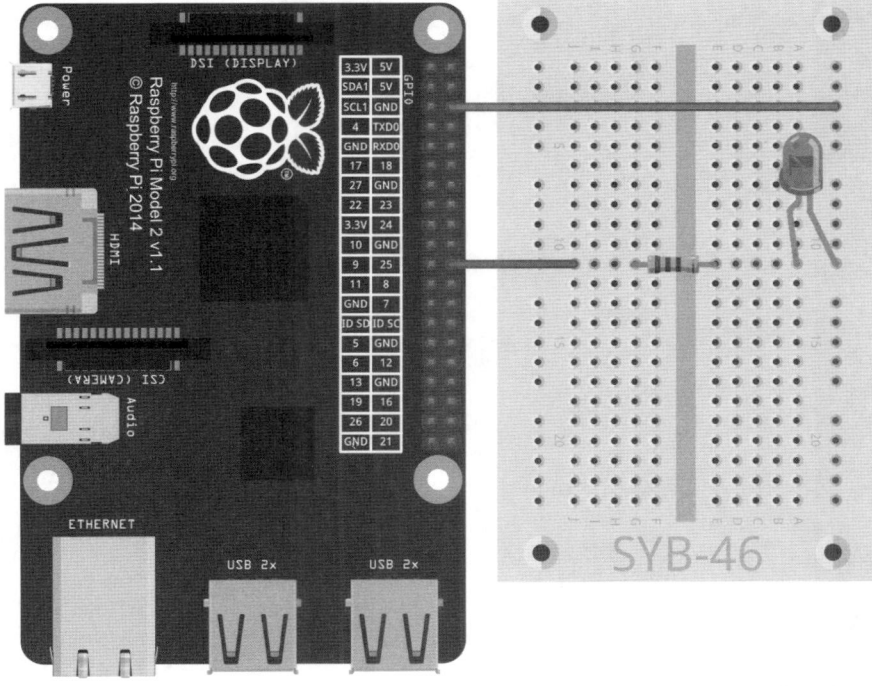

Bild 7.11: Eine einzelne LED werden Sie in der Praxis kaum über eine Steckplatine anschließen. Die abgebildete Schaltung ermöglicht aber, das Programm auszuprobieren.

Das Programm ip-blink.py zeigt mit einer blinkenden LED die aktuelle IP-Adresse an. Die Ziffern der IP-Adresse werden nacheinander durch eine entsprechende Anzahl kurzer Blinksignale angezeigt, wobei bei einer 0 die LED zehnmal blinkt. Die drei Punkte in der IP-Adresse sowie das Ende werden durch längeres Aufleuchten der LED markiert.

```
001  import time, os
002  import RPi.GPIO as GPIO
003
004  GPIO.setmode(GPIO.BCM)
005  LED = 25
006  GPIO.setup(LED, GPIO.OUT)
007  BLINK = 0.25
008  PAUSE = 1.0
009
010  CMD = "hostname -I"
011  ip = os.popen(CMD).readline()
012  print ip
013
014  for i in ip:
015      if i in "0123456789":
016          z = int(i)
017          if z == 0:
018              z = 10
019          for j in range(z):
020              GPIO.output(LED,1)
021              time.sleep(BLINK)
022              GPIO.output(LED,0)
023              time.sleep(BLINK)
024          time.sleep(PAUSE)
025      else:
026          GPIO.output(LED,1)
027          time.sleep(PAUSE)
028          GPIO.output(LED,0)
029          time.sleep(PAUSE)
030
031  GPIO.cleanup()
```

7.6.1   So funktioniert es

Die ersten Zeilen sind bereits bekannt, sie importieren die Bibliotheken RPi.
GPIO für die Ansteuerung der GPIO-Ports und time für Zeitverzögerungen so-
wie os für Betriebssystemfunktionen. Danach wird die Nummerierung der
GPIO-Ports wie im vorherigen Beispiel auf BCM gesetzt.

```
005  LED = 25
006  GPIO.setup(LED, GPIO.OUT)
```

Die Nummer des verwendeten GPIO-Ports, hier 25, wird in der Variable LED
gespeichert. Auf diese Weise können Sie leicht auch einen anderen GPIO-Port
verwenden. Danach wird dieser GPIO-Port als Ausgang definiert.

```
007  BLINK = 0.25
008  PAUSE = 1.0
```

Diese beiden Zeilen legen die Zeiten für ein kurzes Blinken und die längere
Pause zwischen zwei Ziffern fest. Bei den Punkten in der IP-Adresse leuchtet
die LED genauso lange auf, wie die Pause dauert.

```
010  CMD = "hostname -I"
```

Diese Zeile speichert in der Variablen CMD die Befehlsfolge hostname -I, die die
IP-Adresse ausgibt.

```
011  ip = os.popen(CMD).readline()
```

Die IP-Adresse wird als Zeichenfolge in der Variablen ip gespeichert. Dazu
muss man einen kleinen Umweg gehen. Die Funktion os.popen() führt einen
beliebigen Kommandozeilenbefehl aus und schreibt die Ausgabe in ein Dateiobjekt. Die Methode readline() liest aus diesem Dateiobjekt eine Zeile als
Zeichenfolge aus.

```
012  print ip
```

Zur Kontrolle wird die IP-Adresse angezeigt. Auf einem System ohne Monitor ist diese Anzeige natürlich nicht zu sehen. Die Zeile stört hier auch nicht, hilft aber bei Systemen mit Monitor, die Blinksignale zu überprüfen.

```
014   for i in ip:
```

Jetzt beginnt eine Schleife, die die Zeichen der IP-Adresse einzeln nacheinander auswertet.

```
015       if i in "0123456789":
```

Handelt es sich beim aktuellen Zeichen um eine Ziffer, wird der erste Block ausgeführt, der das entsprechende Blinkzeichen erzeugt.

```
016           z = int(i)
```

Der Zahlenwert der Ziffer, die bis jetzt noch Teil einer Zeichenfolge ist, wird in die Variable z geschrieben.

```
017           if z == 0:
018               z = 10
```

Wenn diese Ziffer eine 0 ist, wird die Variable z auf 10 gesetzt. Die LED soll in diesem Fall 10 Mal blinken.

```
019           for j in range(z):
020               GPIO.output(LED,1)
021               time.sleep(BLINK)
022               GPIO.output(LED,0)
023               time.sleep(BLINK)
```

Diese Schleife lässt die LED genauso oft blinken, wie die aktuelle Ziffer aus der IP-Adresse angibt. Dabei bleibt die LED so lange eingeschaltet, wie es am Programmanfang in der Variablen BLINK festgelegt wurde. Danach bleibt sie genauso lange aus.

```
024           time.sleep(PAUSE)
```

Nachdem eine Ziffer durch Blinksignale angezeigt wurde, wartet das Programm so lange, wie in der Variable PAUSE festgelegt ist, bis das nächste Zeichen der IP-Adresse abgearbeitet wird.

```
025    else:
026        GPIO.output(LED,1)
027        time.sleep(PAUSE)
028        GPIO.output(LED,0)
029        time.sleep(PAUSE)
```

Handelt es sich beim aktuellen Zeichen der IP-Adresse um keine Ziffer, sondern um einen Punkt oder das Zeilenende-Zeichen, wird der zweite Block ausgeführt, der die LED einmal lange leuchten lässt. Diese Zeit wird am Programmanfang in der Variablen PAUSE festgelegt.

```
031  GPIO.cleanup()
```

Nachdem die Hauptschleife durchgelaufen ist und alle Zeichen der IP-Adresse angezeigt wurden, werden die GPIO-Ports geschlossen und das Programm endet.

7.7   Python-Programme automatisch starten

Ohne Tastatur und Monitor muss das Programm automatisch gestartet werden, da der Benutzer keine Python-Shell oder Kommandozeile aufrufen kann.

Legen Sie im Dateimanager das Verzeichnis /home/pi/.config/lxsession/ LXDE an. Das Verzeichnis .config ist bereits vorhanden. Es ist aber wie alle Linux-Verzeichnisse, deren Name mit einem Punkt beginnt, nur sichtbar, wenn im Menü des Dateimanagers unter *Ansicht* der Schalter *Versteckte Dateien anzeigen* eingeschaltet ist. Wenn Sie bereits die Desktopkonfiguration personalisiert haben, ist sogar die komplette Verzeichnisstruktur bereits vorhanden.

Erstellen Sie in diesem Ordner eine Textdatei mit Namen autostart, die die Kommandozeile zum Start des Programms enthält:

```
sudo python ip-blink.py
```

Damit wird kurz nach dem Booten des Raspberry Pi die aktuelle IP-Adresse automatisch mit einer blinkenden LED angezeigt.

7.8 IP-Adresse auf LED-Streifen anzeigen

Besonders gut sieht es aus, wenn man die IP-Adresse mit zwölf LEDs anzeigen lässt, für jede Ziffer eine.

Bild 7.12: Zwölf LEDs zeigen durch Blinken die IP-Adresse an.

Für das abgebildete Projekt haben wir fertige LED-Streifen mit je 6 LEDs, Vorwiderständen und gemeinsamer Kathode verwendet, die bei Ebay und beim chinesischen Onlineshop *canton-electronics.com* für wenig Geld als »Rapid Prototyping LED for Arduino« angeboten werden. Die Module sind in SMD-Bauweise produziert und lassen sich direkt auf ein Steckbrett stecken. Bei Verwendung dieser Module spart man sich den mühsamen und auch platzaufwendigen Aufbau mit einzelnen LEDs und passenden Vorwiderständen.

Die vier Ziffernblöcke der IP-Adresse werden nacheinander angezeigt. Dazu werden zunächst je drei LEDs, die einen Block symbolisieren, ausgeschaltet, um die Aufmerksamkeit des Betrachters darauf zu lenken. Nacheinander blinken dann diese drei LEDs so oft, wie die jeweilige Ziffer angibt, bei einer 0 gar nicht. Nachdem die drei Ziffern durch Blinksignale angezeigt wurden, schalten sich die drei LEDs dieses Blocks dauerhaft ein und der nächste Block wird angezeigt.

fritzing

Bild 7.13: Die LED-Module sind über zwölf GPIO-Ports und eine Masseleitung mit dem Raspberry Pi 2 verbunden.

Schreiben Sie folgendes Python-Skript auf dem PC oder verwenden Sie die fertige Datei ip-blink2.py.

```
001  #!/usr/bin/python
002  import RPi.GPIO as GPIO
003  import time, subprocess
004
005  BLINK = 0.25
006  PAUSE = 1.0
```

```
007  GPIO.setmode(GPIO.BCM)
008  LED = [7,11,8,9,25,10,24,22,23,17,18,4]
009  for x in LED:
010      GPIO.setup(x, GPIO.OUT, initial=True)
011
012  ip = subprocess.check_output(["hostname","-I"])[:-2].
                                                   split(".")
013  print ip
014
015  print ("Strg+C beendet das Programm")
016  try:
017      while True:
018          for i in range(4):
019              for j in range(3):
020                  GPIO.output(LED[3*i+j], False)
021              time.sleep(PAUSE)
022              for j in range(3):
023                  z = int(ip[i].rjust(3, "0")[j])
024                  for k in range(z):
025                      GPIO.output(LED[3*i+j], True)
026                      time.sleep(BLINK)
027                      GPIO.output(LED[3*i+j], False)
028                      time.sleep(BLINK)
029                  time.sleep(PAUSE)
030              for j in range(3):
031                  GPIO.output(LED[3*i+j], True)
032
033  except KeyboardInterrupt:
034      GPIO.cleanup()
```

So funktioniert es

Am Anfang werden wie üblich die notwendigen Bibliotheken importiert.

```
005   BLINK = 0.25
006   PAUSE = 1.0
```

Diese beiden Zeilen legen die Zeiten für ein kurzes Blinken und die längere Pause zwischen zwei Ziffern fest. Die Zeiten sind nur einmal im Programm definiert, sodass sie sich leicht anpassen lassen.

```
008   LED = [7,11,8,9,25,10,24,22,23,17,18,4]
```

Die Liste LED enthält die GPIO-Portnummern der zwölf Ports, die für die LEDs verwendet werden. Diese Ports stehen alle außer auf dem Raspberry Pi B+ auch auf den Raspberry-Pi-Modellen B und A zur Verfügung.

```
009   for x in LED:
010       GPIO.setup(x, GPIO.OUT, initial=True)
```

Diese Schleife initialisiert die GPIO-Ports aus der Liste als Ausgänge und schaltet alle LEDs ein.

```
012   ip = subprocess.check_output(["hostname","-I"])[:-2].split(".")
013   print ip
```

Eine Systemfunktion ermittelt die IP-Adresse und speichert die vier Ziffernblöcke in der Liste ip. Diese wird anschließend zur Kontrolle auf den Bildschirm ausgegeben. Läuft der Raspberry Pi komplett headless, kann diese Ausgabe entfallen.

```
016   try:
017       while True:
```

Die Hauptschleife des Programms läuft so lange, bis der Benutzer das Programm mit der Tastenkombination ⌈Strg⌋+⌈C⌋ abbricht.

```
018        for i in range(4):
```

Die äußere Schleife läuft viermal, für die vier Ziffernblöcke der IP-Adresse.

```
019            for j in range(3):
020                GPIO.output(LED[3*i+j], False)
021            time.sleep(PAUSE)
```

Zunächst werden die drei LEDs des jeweiligen Ziffernblocks ausgeschaltet und die in der Variablen PAUSE festgelegte Zeit gewartet, bevor die Blinksignale anfangen, die IP-Adresse anzuzeigen.

```
022            for j in range(3):
023                z = int(ip[i].rjust(3, "0")[j])
```

Die innere Schleife ermittelt nacheinander die drei Ziffern eines Dreierblocks aus den als Zeichenkette gespeicherten Einträgen in der Liste ip. Ein- und zweistellige Zeichenketten werden vorne mit Nullen aufgefüllt.

```
024            for k in range(z):
025                GPIO.output(LED[3*i+j], True)
026                time.sleep(BLINK)
027                GPIO.output(LED[3*i+j], False)
028                time.sleep(BLINK)
029            time.sleep(PAUSE)
```

Die innerste Schleife lässt eine LED blinken. Die Nummer der LED wird aus der Nummer des Dreierblocks i und der Nummer der Ziffer innerhalb des Dreierblocks j zusammengesetzt.

```
030            for j in range(3):
031                GPIO.output(LED[3*i+j], True)
```

Zum Schluss werden die drei LEDs dieses Blocks wieder eingeschaltet, bevor die Hauptschleife zum nächsten Dreierblock wechselt.

```
033    except KeyboardInterrupt:
034        GPIO.cleanup()
```

Falls der Benutzer die Tastenkombination [Strg]+[C] drückt, wird das Programm beendet und die GPIO-Ports werden geschlossen.

8 NOCH EINFACHER PROGRAM-MIEREN MIT SCRATCH

Scratch ist eine intuitive Programmierumgebung, mit der Kinder und Programmiereinsteiger schnell Ideen umsetzen können, ohne sich zuerst mit Programmiertheorie auseinandersetzen zu müssen. Scratch ist ein Projekt der Lifelong-Kindergarten-Group am Media-Lab des MIT (*scratch.mit.edu*) und auf dem Raspberry Pi vorinstalliert. Passend für die Zielgruppe der Kinder und Jugendlichen eignet sich Scratch besonders für interaktive Animationen und Spiele. Eine grafische Oberfläche gibt bereits alle Grundlagen vor, sodass man sich um die Programmierung der Benutzeroberfläche des eigenen Programms keine Gedanken zu machen braucht. Die Scratch-Skripte werden nicht als Text geschrieben, sondern aus vorgefertigten Elementen zusammengeklickt. Ein ganz einfaches Beispiel zeigt die Arbeitsweise mit Scratch.

Starten Sie Scratch über den Menüpunkt *Entwicklung* im Startmenü auf dem Raspbian-Desktop. Scratch startet mit einem viergeteilten Programmfenster:

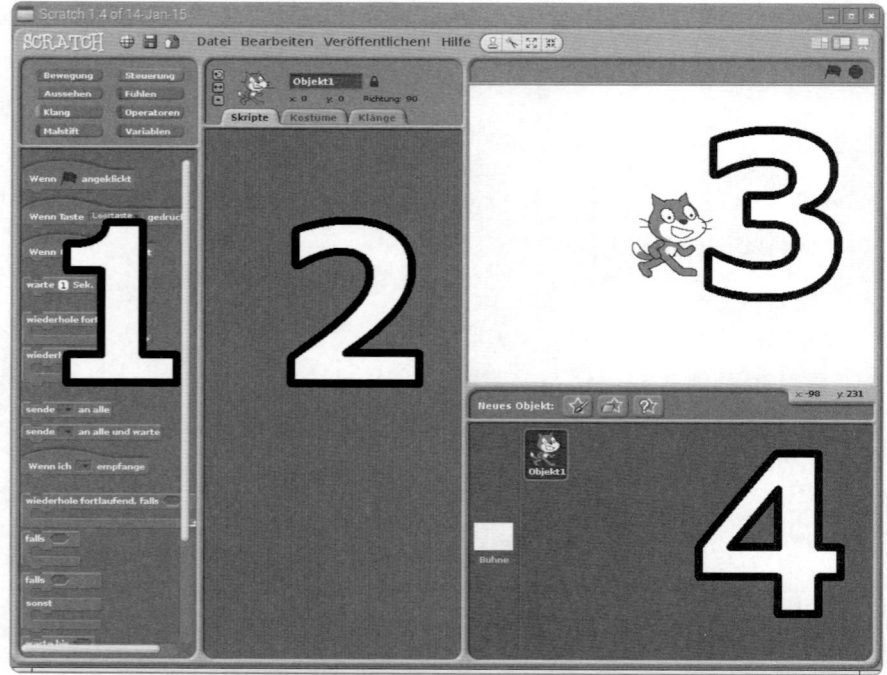

Bild 8.1: Die Programmieroberfläche von Scratch

① Links befindet sich die Blockpalette mit allen Elementen, aus denen ein Scratch-Skript zusammengesetzt werden kann. Da ausschließlich vordefinierte Blöcke verwendet werden, kann der Benutzer keine Syntaxfehler machen, die beim Einstieg in andere Programmiersprachen sehr ärgerlich und frustrierend sind.

② Das mittlere Feld ist am Anfang noch leer. Hier entsteht später das Skript.

③ Rechts oben ist die sogenannte Bühne, die Oberfläche, auf der das Skript abläuft. Die Katze, die dort zu sehen ist, die Symbolfigur von Scratch, stellt beispielhaft ein Objekt dar, das mit Scratch animiert werden kann.

④ Das Objektfenster unten rechts zeigt die im Skript verwendeten Objekte. Hier können Sie später auch selbst eigene Objekte gestalten.

8.1 Das erste Experiment mit Scratch

In einem ganz einfachen Skript soll die Katze einmal im Kreis herum laufen und dabei ihre Farbe verändern.

① Klicken Sie im Objektfenster unten rechts auf die Katze. Diese wird hervorgehoben und erscheint als *Objekt1* oberhalb des Skriptfensters. Alle Befehle im Skriptfenster beziehen sich dann auf dieses Objekt.

② Klicken Sie in der Blockpalette oben auf das gelbe Symbol *Steuerung*. Damit werden die Blöcke zur Programmsteuerung angezeigt.

③ Ziehen Sie den abgebildeten Block aus der Blockpalette in das Skriptfenster. Auf der Scratch-Bühne ist oben rechts ein grünes Fähnchen. Dieses dient üblicherweise dazu, ein Programm zu starten. Das abgebildete Element bewirkt, dass die folgenden Skriptelemente ausgeführt werden, wenn der Benutzer auf das grüne Fähnchen klickt.

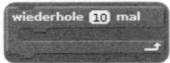

❹   Die kreisförmige Bewegung wird aus einzelnen Gehen- und Drehen-Schritten zusammengesetzt. Diese werden so oft wiederholt, bis die Katze einen ganzen Kreis gegangen ist. Ziehen Sie für die Wiederholungsschleife den abgebildeten Block in das Skriptfenster und docken ihn unten an das dort bereits vorhandene Element an.

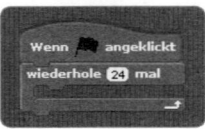

❺   In jedem Bewegungsschritt soll sich die Katze um 15° drehen. Dabei dreht sie sich in 24 Schritten genau einmal. Tippen Sie in das weiße Zahlenfeld des *Wiederhole*-Blocks und ändern Sie den vorgegebenen Wert auf *24*.

gehe 10 -er Schritt

❻   Damit die Katze eine Kreisbewegung ausführt, muss sie zunächst einen Schritt gehen, sich danach um 15° drehen, wieder einen Schritt gehen usw. Klicken Sie oben in der Blockpalette auf das blaue Symbol *Bewegung* und ziehen Sie den abgebildeten Block in das Skriptfenster. Docken Sie ihn innerhalb der Schleife an. Ändern Sie dann noch die Schrittweite auf *20*.

drehe ↻ 15 Grad

❼   Ziehen Sie danach den Block für die Drehbewegung gegen den Uhrzeigersinn in das Skriptfenster. Platzieren Sie ihn so über den vorhandenen Blöcken, dass er sich innerhalb der Schleife nach der Gehbewegung einklinkt.

❽   Das Skript sollte jetzt wie abgebildet aussehen. Probieren Sie aus, ob es auch wie erwartet funktioniert. Klicken Sie dazu rechts oberhalb der Bühne auf das grüne Fähnchen. Die Katze wird eine Kreisbewegung gehen.

⑨ Jetzt fehlt nur noch die gewünschte Veränderung der Farbe. Klicken Sie dazu oben in der Blockpalette auf das violette Symbol *Aussehen*. Jetzt werden Blöcke angeboten, die das Aussehen des aktiven Objekts beeinflussen. Ziehen Sie den abgebildeten Block in das Skriptfenster in die Wiederholung hinter den *Drehe*-Block.

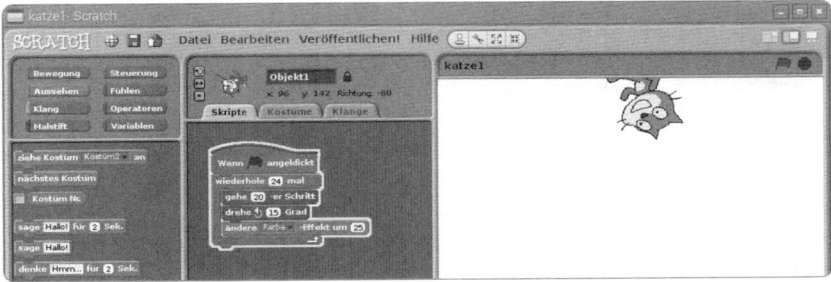

Bild 8.2: Gehen, drehen, Farbe ändern

Lassen Sie das Skript jetzt wieder ablaufen, ändert die Katze im Laufe ihrer Bewegung zyklisch ihre Farbe. Am Ende der 24 Wiederholungen steht die Katze wieder an ihrer ursprünglichen Position und hat auch wieder ihre ursprüngliche Farbe.

8.2 Hardware mit Scratch steuern

Scratch wurde so entwickelt, dass es auf einer Vielzahl von Geräteplattformen läuft (Windows, Linux, Mac OS). Daher bietet es auch standardmäßig keine Unterstützung für die GPIO-Ports des Raspberry Pi.

8.2.1 ScratchGPIO installieren

ScratchGPIO ist ein Zusatzmodul, mit dem es möglich ist, die GPIO-Schnittstelle des Raspberry Pi mit Scratch zu steuern. Dieses wird über ein LXTerminal-Fenster nachinstalliert. Geben Sie dazu nacheinander diese beiden Befehle ein:

```
wget http://bit.ly/1wxrqdp -O isgh7.sh
sudo bash isgh7.sh
```

Auf dem Raspbian-Desktop erscheinen zwei neue Symbole. Für die meisten Experimente ist *ScratchGPIO 7* die richtige Wahl. Die Variante *ScratchGPIO 7plus* wird für verschiedene Zusatzplatinen benötigt.

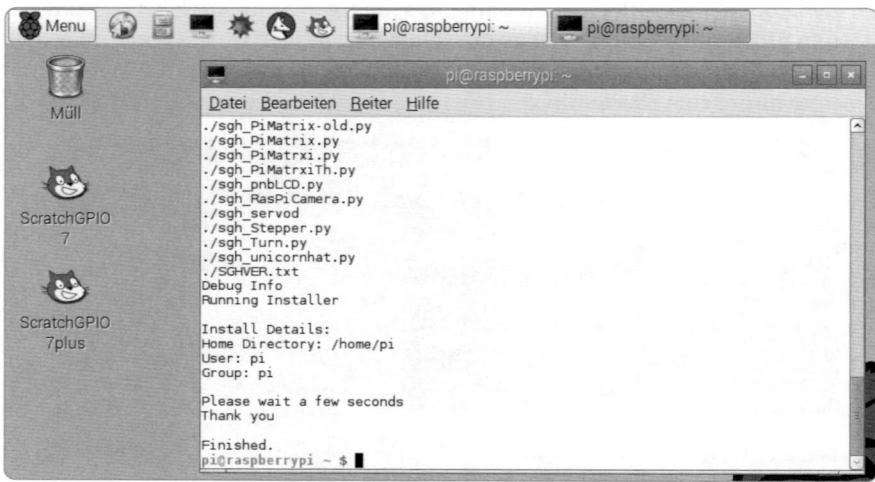

Bild 8.3: ScratchGPIO-Symbole auf dem Desktop nach der Installation im LXTerminal

ScratchGPIO bezeichnet die GPIO-Pins anders als alle anderen Programme und Programmiersprachen auf dem Raspberry Pi.

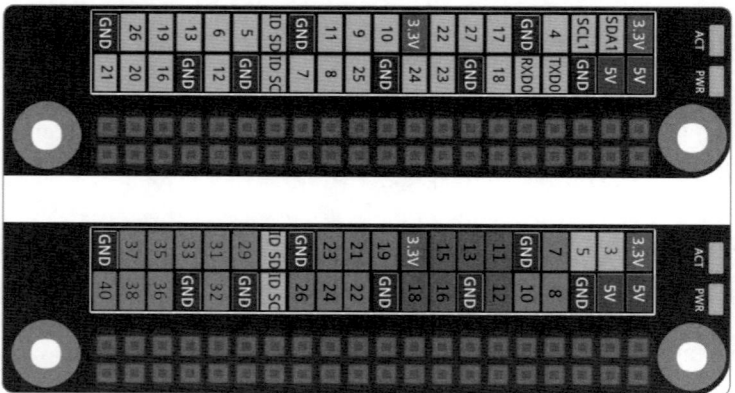

Bild 8.4: Oben: Standardbezeichnung der GPIO-Pins, unten: Bezeichnung in ScratchGPIO

ScratchGPIO gibt fest vor, welche Pins als Eingang und welche als Ausgang verwendet werden können:

- Pins: 7, 8, 10, 19, 21-24, 26 – Eingänge
- Pins: 11-13, 15, 16, 18 – Ausgänge
- Pins: 29, 31-33, 35-38, 40 – Eingänge oder Ausgänge

Beim Start von ScratchGPIO über das Desktopsymbol erscheint innerhalb von Scratch eine Meldung *Unterstützung für Netzwerksensoren ist eingeschaltet.* Bestätigen Sie diese mit einem Klick auf *OK.*

8.2.2 Fußgängerampel mit ScratchGPIO

Die abgebildete Schaltung zeigt eine Verkehrsampel mit drei LEDs sowie eine Fußgängerampel mit zwei weiteren LEDs und einem Taster. Drückt man auf den Taster, soll der typische Ampelzyklus an einem Fußgängerüberweg gestartet werden.

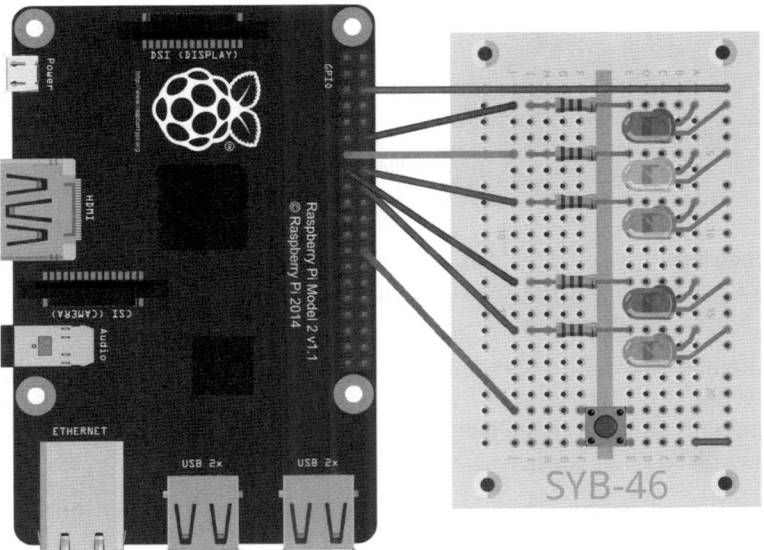

Bild 8.5: Fußgängerampel aus fünf LEDs mit Vorwiderständen und einem Taster

Bild 8.6: Das Scratch-Programm ampel steuert die Fußgängerampel.

So funktioniert es

Nach dem Klick auf das grüne Fähnchen startet eine Endlosschleife, die den gesamten Ampelzyklus enthält.

Die GPIO-Befehle werden in ScratchGPIO über den Scratch-Block *sende... an alle* ausgegeben. Im Textfeld werden über einen *verbinde*-Block von der grünen Blockpalette *Operatoren* die jeweilige Pinbezeichnung und das Schlüsselwort *on* bzw. *off* zu einer Nachricht verbunden.

Als erste Aktion in jedem Schleifendurchlauf werden die LEDs in die Ausgangsstellung gebracht: Verkehrsampel grün (Pin 16) und Fußgängerampel rot (Pin 15) leuchten, die anderen LEDs sind ausgeschaltet.

Danach wartet die Schleife, bis der Benutzer den Taster am Pin 26 drückt. Dazu wird der Block *Wert von Sensor...* aus der Blockpalette *Fühlen* verwendet. Nimmt dieser den Wert 0 an, wurde der Taster gedrückt.

INVERSE LOGIK

ScratchGPIO nutzt interne Pullup-Widerstände im Raspberry Pi, sodass GPIO-Eingänge im nicht beschalteten Zustand eindeutig den Wert 1 haben. Verbindet man einen solchen GPIO-Eingang über einen Taster mit GND, nimmt er den Wert 0 an. GPIO-Eingänge können nur die Werte 1 oder 0 annehmen. Ein gedrückter Taster schaltet in ScratchGPIO einen Eingang nicht ein, sondern aus.

Nachdem der Taster gedrückt wurde, läuft das Programm weiter. Dabei werden nacheinander verschiedene Kombinationen von LEDs ein- und ausgeschaltet. In den Zwischenphasen rot-gelb und gelb leuchtet die Ampel jeweils 0,5 Sekunden, in der Grünphase für die Fußgänger 2 Sekunden. Diese Zeiten lassen sich in den *warte...Sek*-Blöcken auch anders einstellen.

Nachdem die Ampel wieder ihre Grundstellung erreicht hat, wartet das Programm auf den nächsten Tastendruck.

DIE RASPBERRY-PI-KAMERA

Die Raspberry Pi Foundation hat eine eigene kleine Kamera mit 5 Megapixeln für den Raspberry Pi entwickelt, die zwar von Anfang an geplant war, aber erst seit Sommer 2013 lieferbar ist. Die Kamera ist auf einer ca. 2,5 x 2,5 cm großen Platine verbaut, an der ein dünnes Flachkabel fest angeschlossen ist. Dieses Kabel wird auf dem Raspberry Pi 2 in einen speziell dafür vorgesehenen Steckplatz zwischen den Anschlüssen für Audio und HDMI eingesteckt. Dazu müssen Sie zunächst die Verriegelung leicht nach oben ziehen, um sie zu lösen. Stecken Sie das Kabel der Kamera mit der blauen Seite zum Netzwerkanschluss in den Steckplatz und drücken Sie die Verriegelung wieder nach unten.

Bild 9.1: Anschluss der Kamera am Raspberry Pi 2

Auf der Kamera selbst befindet sich eine Schutzfolie, die abgezogen werden muss. Die Kamera hat ein Fixfocus-Objektiv, kann also das Bild nicht scharf stellen. Daher ist es umso wichtiger, dass sie während der Aufnahme ruhig gelagert ist. Fotos aus der Hand sind fast unmöglich. In den Ecken der Kameraplatine sind Löcher, um die Kamera irgendwo festzuschrauben. Eine sogenannte „dritte Hand", wie man sie beim Löten zum Festhalten von Platinen und Kleinteilen benutzt, eignet sich sehr gut als Kamerastativ. Achten Sie dabei darauf, die Platine nur in den äußersten Ecken zu greifen, um keinen Kurzschluss zu verursachen. Sicherheitshalber schützen Sie die jeweilige Platinenecke mit etwas Klebeband vor Berührung mit Metallteilen oder drehen Sie eine kleine Schraube durch das Loch, an der die Klemme dann anfasst.

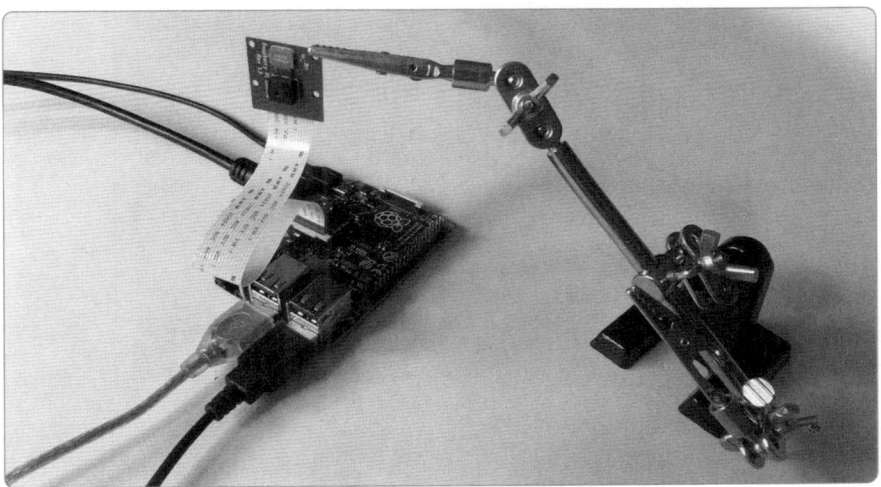

Bild 9.2: Kamera mit Stativ am Raspberry Pi

INFRAROTKAMERA

Die Raspberry-Pi-Kamera ist auch in einer speziellen Version als Infrarotkamera erhältlich. Diese sogenannte NoIR-Kamera ist äußerlich baugleich und verwendet auch die gleiche Software wie die normale Raspberry-Pi-Kamera.

9.1 Kamera aktivieren

Die grundlegenden Funktionen zur Steuerung der Kamera werden bei Raspbian bereits mitgeliefert, müssen aber zunächst aktiviert werden. Starten Sie dazu in einem LXTerminal-Fenster das Konfigurationstool:

```
sudo raspi-config
```

Schalten Sie hier im Menüpunkt *Enable Camera* die Kamerafunktionen ein. Danach muss der Raspberry Pi neu gebootet werden.

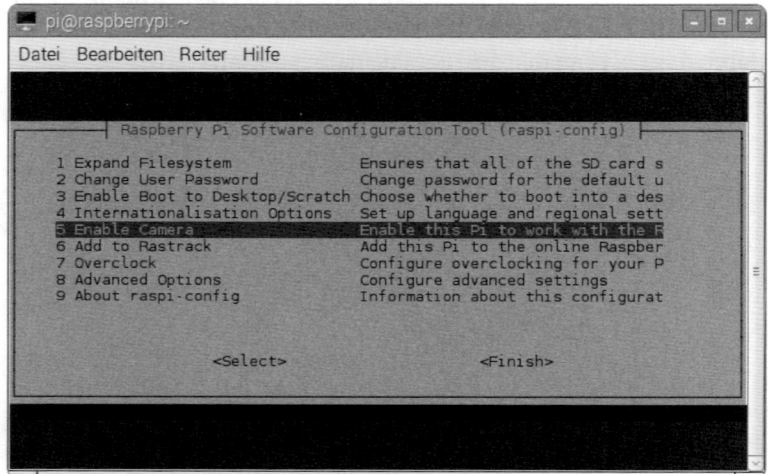

Bild 9.3: Kamerafunktionen aktivieren

9.2   Das erste Foto

Raspbian liefert ein Kommandozeilentool mit, mit dem Sie direkt das erste Foto aufnehmen können:

```
raspistill -v -o foto.jpg
```

Der Parameter -o gibt den Dateinamen an, unter dem das Foto gespeichert wird. Ohne Verzeichnisangabe landet das Bild im Home-Verzeichnis /home/pi. Außer im JPG-Format lassen sich Fotos auch in den Formaten PNG und BMP speichern, was aber deutlich länger dauert, da der Grafikchip des Raspberry Pi nur JPG-Dateien mit Hardwarebeschleunigung komprimieren kann.

Vor dem eigentlichen Auslösen wird fünf Sekunden lang ein Vorschaubild auf dem Bildschirm angezeigt, damit Sie den Bildausschnitt wählen können. Ohne spezielle Angabe liefert die Kamera ein Bild in voller 5-Megapixel-Auflösung mit 2.592 x 1.944 Pixeln.

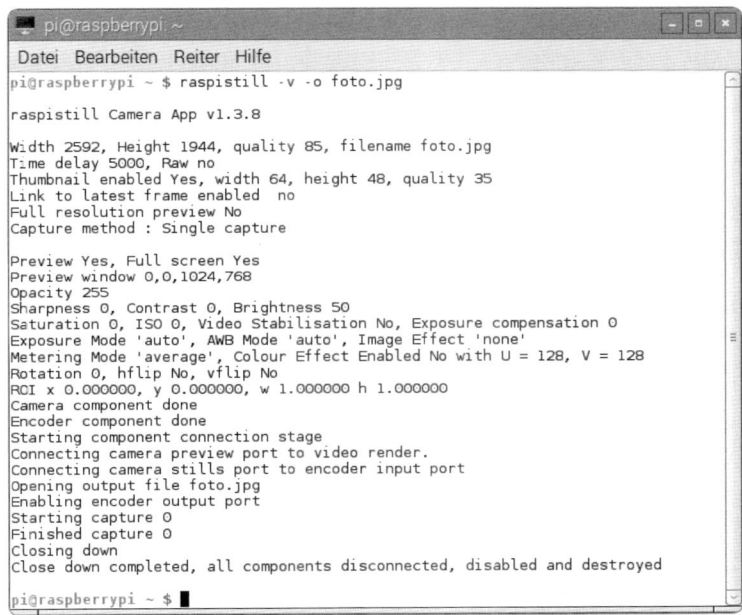

```
pi@raspberrypi: ~
Datei  Bearbeiten  Reiter  Hilfe
pi@raspberrypi ~ $ raspistill -v -o foto.jpg

raspistill Camera App v1.3.8

Width 2592, Height 1944, quality 85, filename foto.jpg
Time delay 5000, Raw no
Thumbnail enabled Yes, width 64, height 48, quality 35
Link to latest frame enabled  no
Full resolution preview No
Capture method : Single capture

Preview Yes, Full screen Yes
Preview window 0,0,1024,768
Opacity 255
Sharpness 0, Contrast 0, Brightness 50
Saturation 0, ISO 0, Video Stabilisation No, Exposure compensation 0
Exposure Mode 'auto', AWB Mode 'auto', Image Effect 'none'
Metering Mode 'average', Colour Effect Enabled No with U = 128, V = 128
Rotation 0, hflip No, vflip No
ROI x 0.000000, y 0.000000, w 1.000000 h 1.000000
Camera component done
Encoder component done
Starting component connection stage
Connecting camera preview port to video render.
Connecting camera stills port to encoder input port
Opening output file foto.jpg
Enabling encoder output port
Starting capture 0
Finished capture 0
Closing down
Close down completed, all components disconnected, disabled and destroyed

pi@raspberrypi ~ $ █
```

Bild 9.4: Der Parameter -v liefert ausführliche Informationen zu den verwendeten Kameraeinstellungen.

Wundern Sie sich nicht über die Zeile am Ende:

```
Close down completed, all components disconnected,
disabled and destroyed
```

Natürlich wird die Kamera nicht nach dem ersten Foto zerstört. Diese Zeile
bedeutet nur, dass alle Kamerafunktionen aus dem Speicher entfernt und die
verwendeten Ports freigegeben werden, damit die Kamera von einer anderen
Anwendung genutzt werden kann.

raspistill bietet diverse Parameter, um verschiedene Kameraeinstellungen
vorzunehmen. Eine Auflistung und Erläuterungen zu diesen Parametern finden Sie, wenn Sie raspistill ohne Parameter aufrufen. In diesem Fall wird
auch kein Bild fotografiert.

```
pi@raspberrypi: ~
Datei  Bearbeiten  Reiter  Hilfe
pi@raspberrypi ~ $ raspistill
raspistill Camera App v1.3.8

Runs camera for specific time, and take JPG capture at end if requested

usage: raspistill [options]

Image parameter commands

-?, --help      : This help information
-w, --width     : Set image width <size>
-h, --height    : Set image height <size>
-q, --quality   : Set jpeg quality <0 to 100>
-r, --raw       : Add raw bayer data to jpeg metadata
-o, --output    : Output filename <filename> (to write to stdout, use '-o -'). I
f not specified, no file is saved
-l, --latest    : Link latest complete image to filename <filename>
-v, --verbose   : Output verbose information during run
-t, --timeout   : Time (in ms) before takes picture and shuts down (if not speci
fied, set to 5s)
-th, --thumb    : Set thumbnail parameters (x:y:quality) or none
-d, --demo      : Run a demo mode (cycle through range of camera options, no cap
ture)
-e, --encoding  : Encoding to use for output file (jpg, bmp, gif, png)
-x, --exif      : EXIF tag to apply to captures (format as 'key=value') or none
-tl, --timelapse     : Timelapse mode. Takes a picture every <t>ms
-fp, --fullpreview   : Run the preview using the still capture resolution (ma
y reduce preview fps)
-k, --keypress  : Wait between captures for a ENTER, X then ENTER to exit
-s, --signal    : Wait between captures for a SIGUSR1 from another process
-g, --gl        : Draw preview to texture instead of using video render componen
t
-gc, --glcapture     : Capture the GL frame-buffer instead of the camera imag
e
-set, --settings     : Retrieve camera settings and write to stdout
-cs, --camselect     : Select camera <number>. Default 0
-bm, --burst    : Enable 'burst capture mode'
-md, --mode     : Force sensor mode. 0=auto. See docs for other modes available
-dt, --datetime : Replace frame number in file name with DateTime (YearMonthDayH
ourMinSec)
-ts, --timestamp     : Replace frame number in file name with unix timestamp
(seconds since 1900)

Preview parameter commands

-p, --preview   : Preview window settings <'x,y,w,h'>
-f, --fullscreen       : Fullscreen preview mode
-op, --opacity  : Preview window opacity (0-255)
-n, --nopreview : Do not display a preview window

Image parameter commands

-sh, --sharpness       : Set image sharpness (-100 to 100)
-co, --contrast : Set image contrast (-100 to 100)
-br, --brightness      : Set image brightness (0 to 100)
-sa, --saturation      : Set image saturation (-100 to 100)
-ISO, --ISO     : Set capture ISO
-vs, --vstab    : Turn on video stabilisation
-ev, --ev       : Set EV compensation
-ex, --exposure : Set exposure mode (see Notes)
```

Bild 9.5: Erläuterungen der Parameter des Kommandozeilentools raspistill

9.3 Video mit der Raspberry-Pi-Kamera

Die Raspberry-Pi-Kamera kann außer Fotos auch Videos aufnehmen, allerdings ohne Ton, da kein Mikrofon eingebaut ist. Videos haben standardmäßig Full-HD-Auflösung, 1.920 x 1.080 Pixel, aber auch hier können kleinere Auflösungen angegeben werden, um die Dateigröße zu verringern. Die Parameter w und h legen die Breite und Höhe des Videos fest. Im Beispiel ist die klassische DVD-Video-PAL-Auflösung eingestellt.

```
raspivid -t 5000 -w 720 -h 576 -o video.h264
```

Das Kommandozeilentool `raspivid` zeichnet Videos im Format H.264 auf. In Full-HD-Auflösung hat ein Video von 5 Sekunden Dauer etwa 10 MB Dateigröße, in der typischen DVD-Video-PAL-Auflösung etwa 2,7 MB.

Der Parameter `-t` legt die Aufnahmedauer in Millisekunden fest. `raspivid` ohne Parameter listet ähnlich wie `raspistill` alle verfügbaren Parameter auf.

Zum Abspielen der Videos kann das mitgelieferte Kommandozeilentool `omxplayer` verwendet werden:

```
omxplayer video.h264
```

9.3.1   TBOPlayer – grafische Oberfläche für den OMXPlayer

Kommandozeilentools sind nicht jedermanns Sache. Der TBOPlayer ist eine in Python programmierte grafische Oberfläche, die den OMXPlayer zu einem Mediaplayer macht, wie man ihn von anderen Computerplattformen kennt. Ich habe auf der Grundlage des Originalprogramms von KenT2 eine deutschsprachige Version erstellt, bei der die Buttons in einer Spalte links außen anstatt in einer Zeile am oberen Fensterrand liegen. Das hat den Vorteil, dass sie sichtbar und benutzbar bleiben, wenn ein Video im Seitenverhältnis 4:3 im Vollbildmodus auf einem HDMI-Monitor mit Seitenverhältnis 16:9 läuft.

Bild 9.6: TBOPlayer und Video im Vollbildmodus

Der TBOPlayer ist nicht über das Raspbian-Repository verfügbar, sondern muss manuell installiert werden. Stellen Sie dazu zunächst sicher, dass Sie die aktuelle Version des OMXPlayer und der verwendeten Python-Bibliotheken haben.

```
sudo apt-get update
sudo apt-get upgrade
```

Weiterhin wird die Bibliothek pexpect benötigt, mit der sich Automatisierungsaufgaben in Python einfach erledigen lassen. Diese liegt nicht als fertiges Installationspaket vor, sondern muss heruntergeladen, entpackt und dann per Skript installiert werden.

Stellen Sie sicher, dass Sie sich im LXTerminal-Fenster im Home-Verzeichnis des angemeldeten Benutzers pi befinden. Wenn nicht, springen Sie dort hin:

```
cd
```

Holen Sie sich das nur 150 kB große Archiv aus dem Sourceforge-Projekt des Entwicklers:

```
wget http://pexpect.sourceforge.net/pexpect-2.3.tar.gz
```

Entpacken Sie dieses Archiv:

```
tar xzf pexpect-2.3.tar.gz
```

Dabei wird automatisch ein Verzeichnis pexpect-2.3 angelegt. Wechseln Sie in dieses Verzeichnis:

```
cd pexpect-2.3
```

Starten Sie dort mit Root-Rechten das Installationsskript:

```
sudo python ./setup.py install
```

Installieren Sie jetzt das eigentliche Python-Programm TBOPlayer. Sie finden das Python-Skript tboplayer_de.py bei den Downloads zu diesem Buch bei *www.buch.cd*. Speichern Sie es in diesem Verzeichnis:

```
/home/pi/tboplayer
```

Zusätzlich gibt es im Download noch ein Desktopsymbol, um den TBOPlayer ohne Kommandozeile direkt per Mausklick zu starten. Die Datei `tboplayer.desktop` muss in dieses Verzeichnis:

```
/home/pi/Desktop
```

Der TBOPlayer öffnet ein Fenster am linken Bildschirmrand, in dem man eine Wiedergabeliste mit H.264-Videos anlegen kann. Diese werden dann im Vollbildmodus über den OMXPlayer abgespielt.

9.3.2   Audioeinstellungen im TBOPlayer

Über den Menüpunkt *Optionen/Einstellungen* lässt sich unter anderem die Audioausgabe festlegen. Der Raspberry Pi verfügt über zwei Audioausgabekanäle, HDMI und 3,5-mm-Klinkenstecker. PC-Monitore mit DVI-Eingang, an denen sich über einen Adapter ein HDMI-Kabel anschließen lässt, verarbeiten meist nur das Videosignal, nicht aber das Audiosignal. In diesem Fall müssen externe Lautsprecher angeschlossen werden, und die Audioausgabe muss manuell auf analog umgeschaltet werden. Andernfalls würde die Automatik das Audiosignal über den HDMI-Anschluss ausgeben, und auf dem Monitor wäre in den meisten Fällen nichts zu hören.

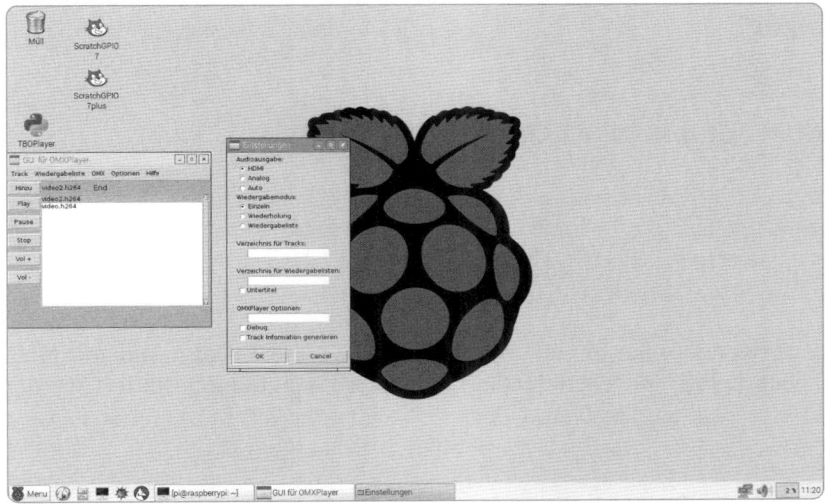

Bild 9.7: Audioeinstellungen im TBOPlayer

Ein Raspberry Pi ist leistungsfähig genug, Videos in HD-Qualität abzuspielen. Die Software *OSMC* (*www.osmc.tv*) macht aus dem Raspberry Pi ein komfortables Media Center für den Fernseher im Wohnzimmer. OSMC basiert auf der bekannten Media-Center-Software KODI (*www.kodi.tv*), dem Nachfolger des legendären XBMC.

OSMC wird über NOOBS als eigenes Betriebssystem installiert, nicht als Programm auf einem bestehenden Raspbian. Dabei ist OSMC nicht im NOOBS-Downloadarchiv enthalten, steht aber im Installationsdialog zur Verfügung. OSMC wird in zwei Varianten angeboten, für den Raspberry Pi 2 und für den Raspberry Pi B+ oder auch B. Die Modelle A+ und A werden wegen zu geringer Speichergröße nicht unterstützt.

Während der Installation mit NOOBS muss der Raspberry Pi eine Internetverbindung haben, über die OSMC automatisch heruntergeladen und installiert wird.

Nach einem Neustart erscheint als Erstes ein Sprachauswahlbildschirm, wo Sie die Oberfläche auf Deutsch umstellen können.

Die abzuspielenden Mediendaten können auf der gleichen Speicherkarte, auf USB-Sticks, angeschlossenen externen Festplatten oder auf Netzwerklaufwerken liegen.

DATEN AUF DAS MEDIA CENTER ÜBERTRAGEN

OSMC installiert automatisch einen SSH-Server, ähnlich wie Raspbian. Damit können Sie sich über das Netzwerk vom PC mit dem Media Center verbinden und Daten übertragen. Benutzername und Passwort lauten beide osmc.

OSMC verwendet eine Benutzeroberfläche, die ohne Tastatur, nur mit Maus oder noch besser mit einer Media-Center-Fernbedienung gesteuert werden kann.

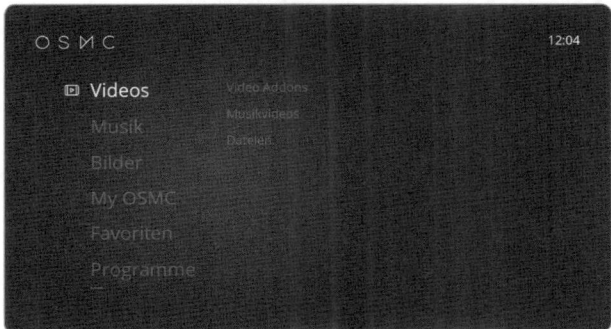

Bild 10.1: Der Hauptbildschirm von OSMC

FERNBEDIENUNG DES FERNSEHERS ÜBER HDMI-CEC NUTZEN

OSMC unterstützt drahtlose Fernbedienungen, aber nur wenige Typen. Einfacher ist es, direkt die Fernbedienung des Fernsehers oder des HDMI-Monitors zu verwenden.

Der Trick heißt CEC (Consumer Electronics Control) und ist ein einfacher Datenbus auf einer zusätzlichen Leitung im HDMI-Kabel. Darüber werden die Signale der Fernbedienung an den Raspberry Pi übertragen. Der verwendete Monitor und auch das Kabel müssen CEC unterstützen.

Hersteller von Fernsehern und Monitoren vermarkten CEC oft unter eigenen Markennamen wie T-Link, EasyLink, EZ-Sync, Simplink, Digital Link HD, NetCommand for HDMI, RIHD, Viera Link, Kuro Link, Anynet+, Aquos Link, BRAVIA Sync, Regza-Link, TechniLink, CSTLink, FUN-Link oder Digi-Link.

Die Bedienung des OSMC erklärt sich weitgehend von selbst. In den Bereichen *Video*, *Musik* und *Bilder* wählen Sie die abzuspielenden Medien aus und können auch Wiedergabelisten anlegen.

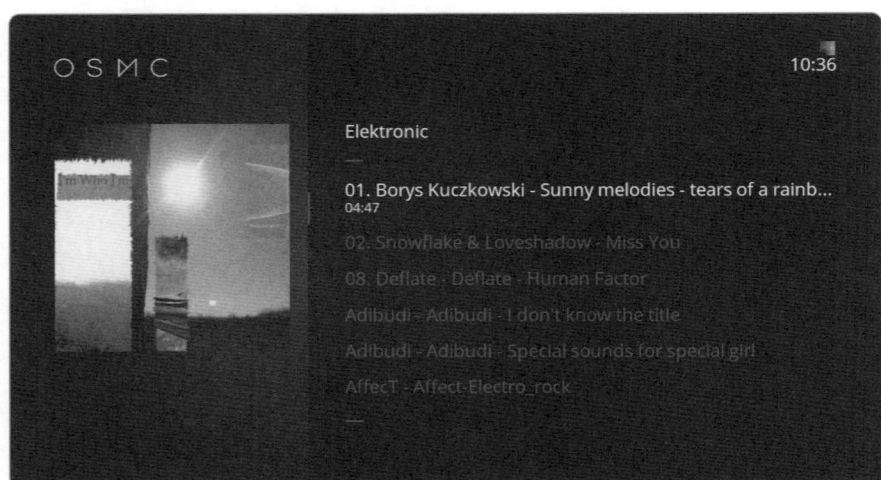

Bild 10.2: Die Musikbibliothek in OSMC

Beim Abspielen von Musik wird standardmäßig eine Visualisierung angezeigt. Sie können aber, während die Musik läuft, in den Bereich *Bilder* springen und sich Fotos ansehen oder als Diaschau automatisch laufen lassen.

Bild 10.3: Musik läuft ...

10.1   Audioeinstellungen

Standardmäßig spielt OSMC Musik und den Ton von Videos über den HDMI-Ausgang ab. Wenn das nicht funktioniert oder Sie zusätzlich externe Lautsprecher verwenden möchten, schalten Sie in den Einstellungen unter *System* die Audio-Ausgabe um. Im Gegensatz zum Standard-Raspbian können hier auch HDMI und analoger Anschluss gleichzeitig verwendet werden.

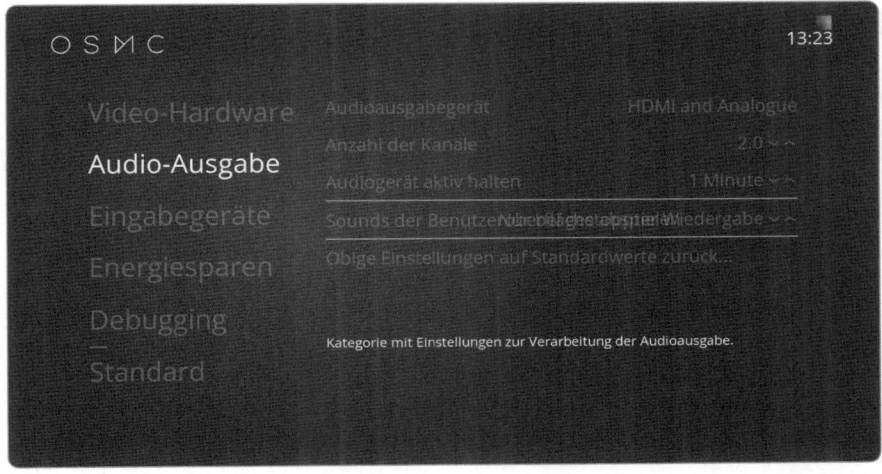

Bild 10.4: Einstellungen zur Audio-Ausgabe in OSMC

10.2   Videos abspielen

Beim Abspielen von Videos erscheint am unteren Bildschirmrand eine Symbolleiste zur Steuerung mit der Maus. Bei Verwendung einer Fernbedienung, die die entsprechenden Tasten nicht hat, können diese Symbole mit den Cursortasten ausgewählt werden. Nach kurzer Inaktivitätszeit wird die Symbolleiste ausgeblendet und erscheint beim Druck auf eine beliebige Taste wieder.

Bild 10.5: Video in OSMC abspielen

Wird bei einem Video nur der Ton abgespielt aber kein Bild, liegt das an fehlenden Codecs in OSMC. Die Codecs zum Abspielen von MPEG-2- und VC-1-Videos sind lizenzpflichtig und können deshalb von der Raspberry-Pi-Stiftung nicht kostenlos zur Verfügung gestellt werden. Die notwendigen Lizenzschlüssel werden gegen eine geringe Gebühr bei *www.raspberrypi.com* angeboten. Die Lizenz gilt immer für einen Raspberry Pi mit jeder darauf verwendeten Software. Um den Lizenzschlüssel zu erhalten, benötigt man die Seriennummer des Raspberry Pi. Diese steht in den Einstellungen unter *My OSMC*. Wählen Sie hier das Raspberry-Pi-Logo mit der Himbeere und auf dem nächsten Bildschirm *GPU Mem & Codec*.

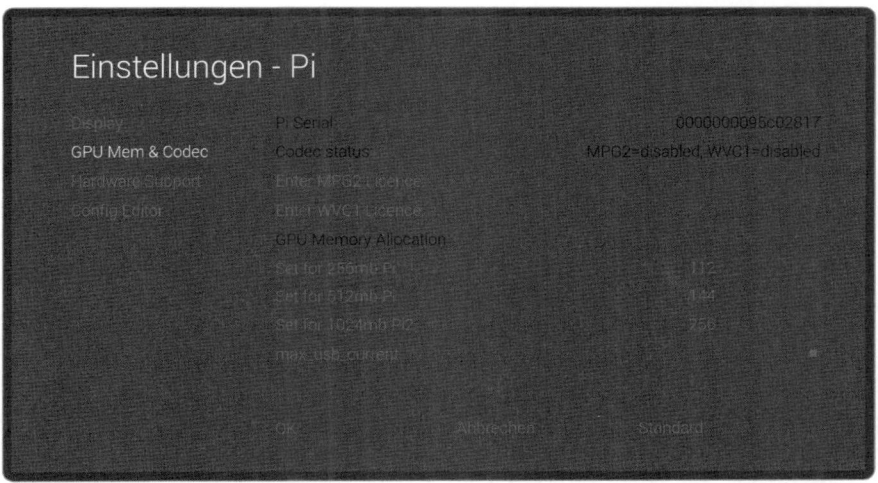

Bild 10.6: Einstellungen

Der erworbene Lizenzschlüssel muss anschließend auf der gleichen Bildschirmseite eingegeben werden.

10.3 OSMC per WLAN nutzen

Die Installation von OSMC läuft nur über ein Netzwerkkabel. Hier hat man als Benutzer keine Möglichkeit, die Daten eines WLAN einzugeben. Später kann eine WLAN-Verbindung zur Datenübertragung genutzt werden.

Wählen Sie in den Einstellungen *My OSMC*. Wählen Sie hier das Netzwerksymbol ganz unten und auf dem nächsten Bildschirm *Wireless* und dann *Enable Adapter*. Danach wählen Sie Ihr WLAN aus und geben über die Bildschirmtastatur den Schlüssel ein.

Außer Raspbian gibt es noch diverse weitere interessante Betriebssysteme für den Raspberry Pi 2. Drei besonders interessante werden hier kurz vorgestellt. Eine ausführliche Linkliste zu weiteren Betriebssystemen finden Sie bei *www.softwarehandbuch.de/raspberry-pi*.

11.1 arkOS

arkOS ist ein neuartiges Betriebssystem, speziell für Serveranwendungen auf dem Raspberry Pi. Es wird komplett über eine Weboberfläche gesteuert, sodass man sich überhaupt nicht mehr mit Linux-Konsolenbefehlen auseinandersetzen muss.

arkOS wird als IMG-Datei, die mit dem USB Image Tool auf eine Speicherkarte übertragen werden muss, bei *arkos.io* zum Download angeboten. Beachten Sie, dass es unterschiedliche Images für den Raspberry Pi 2 und die älteren Modelle gibt.

Am Raspberry Pi braucht weder Tastatur noch Monitor angeschlossen zu sein. Die Installation erfolgt vollständig über das Netzwerk. Nach dem Einschalten des Raspberry Pi muss man nur etwa zwei Minuten warten, bis arkOS vollständig gebootet ist.

❶ Geben Sie im Browser auf dem PC die IP-Adresse des Raspberry Pi mit dem Port 8000 ein, z. B.: *http://192.168.2.104:8000*

❷ Melden Sie sich auf dem Anmeldebildschirm von arkOS mit dem Benutzernamen admin und dem Passwort admin an.

❸ Legen Sie in den folgenden Einrichtungsdialogen einen Benutzer mit Passwort fest, und wählen Sie die Zeitzone *Europe/Berlin*.

❹ Schalten Sie den Schalter *Let arkOS use your whole SD card* ein, damit arkOS die ganze Speicherkarte verwendet. Einen Raspberry Pi mit arkOS werden Sie ohnehin nicht für andere Zwecke gleichzeitig nutzen.

❺ Schalten Sie den Schalter *Let arkOS use some of your graphics memory for other things* ein, damit arkOS den für die Grafikausgabe vorgesehenen GPU-Speicher des Raspberry Pi mit verwenden kann. Das Betriebssystem arkOS hat keine grafische Oberfläche und es braucht auch kein Monitor angeschlossen zu sein, sodass dieser Speicher sonst ungenutzt wäre.

Bild 11.1: Systemeinstellungen bei der Einrichtung von arkOS

⑥ Danach folgt der wichtigste Schritt: Wählen Sie die Serverdienste aus, die verwendet werden sollen – arkOS bietet hier eine lange Liste von Webanwendungen und CMS bis hin zu ownCloud. Die gewünschten Dienste lassen sich einfach per Mausklick herunterladen und installieren.

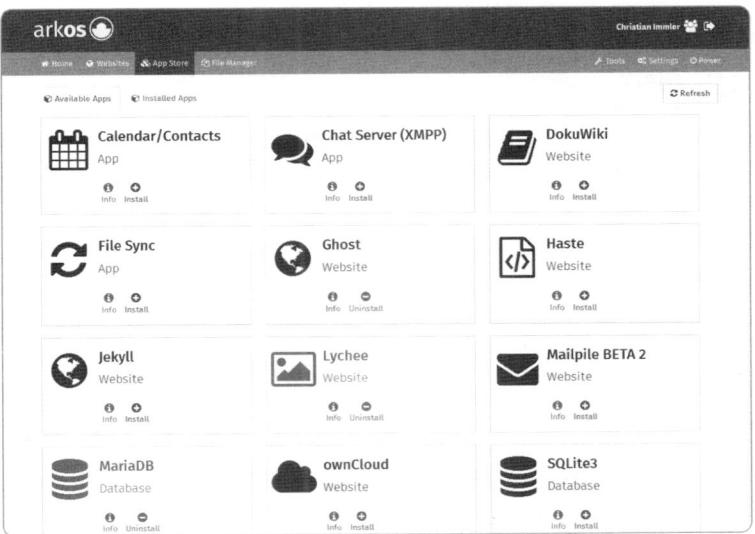

Bild 11.2: Webanwendungen werden über einen eigenen App Store in arkOS installiert.

❼ Die gesamte Administration des Servers erfolgt über die Weboberfläche. Es ist nicht nötig, Konfigurationsdateien manuell zu ändern. Je nach installierten Modulen können über das Menü Webseiten und Dateifreigaben hinzugefügt, sowie Benutzer und Dienste verwaltet werden. Auch ein Dateimanager und ein Konsolenfenster lassen sich über die Browseroberfläche nutzen. Weitere Webdienste können über den Menüpunkt *App Store* nachinstalliert werden.

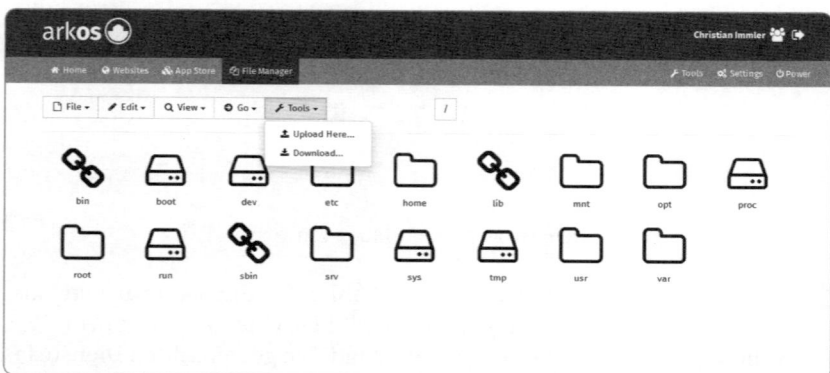

Bild 11.3: Der Dateimanager in arkOS

11.2 Ubuntu

Ubuntu ist zurzeit die beliebteste Linux-Distribution für PCs. Auch zahlreiche Server laufen damit. Ubuntu wird gleich in drei verschiedenen Varianten für den Raspberry Pi 2 angeboten. Ältere Raspberry-Pi-Modelle werden nicht unterstützt.

- Ubuntu Snappy Core ist eine rein kommandozeilenbasierte Entwicklerversion. Das Image wird bei *www.raspberrypi.org/downloads* zum Download angeboten.

- Ubuntu 14.04 Trusty Tahr ist ein inoffizielles Fanprojekt, das die vorletzte Ubuntu-Version auf den Raspberry Pi 2 portiert. In der Grundausstattung ohne grafischen Desktop ausgeliefert, kann man sich nach der Installation einen von drei Desktops installieren: LXDE (wie Raspbian), KDE oder XFCE. Nähere Informationen und Downloadlinks finden Sie bei *wiki.ubuntu.com/ARM/RaspberryPi*.

- Ubuntu MATE ist eine offizielle Ubuntu-Distribution für den Raspberry Pi 2. Diese verwendet den schlanken MATE-Desktop. Hier sind zahlreiche Desktopanwendungen, wie unter anderem Firefox und LibreOffice bereits vorinstalliert.

11.2.1   Ubuntu MATE installieren

Ubuntu MATE wird bei *ubuntu-mate.org/raspberry-pi* als IMG-Datei zum Download angeboten und kann dann mit dem USB Image Tool auf eine Speicherkarte übertragen werden.

Nach dem Booten mit dieser Speicherkarte wählen Sie als Erstes die deutsche Benutzeroberfläche und auch die deutsche Tastaturbelegung aus. Der gesamte Desktop und alle unterstützten Programme werden auf Deutsch dargestellt.

Danach müssen Sie noch einen Benutzer mit Passwort anlegen. Ubuntu MATE verwendet keinen Standardbenutzer. Anschließend wird ein komplettes Desktopbetriebssystem gestartet.

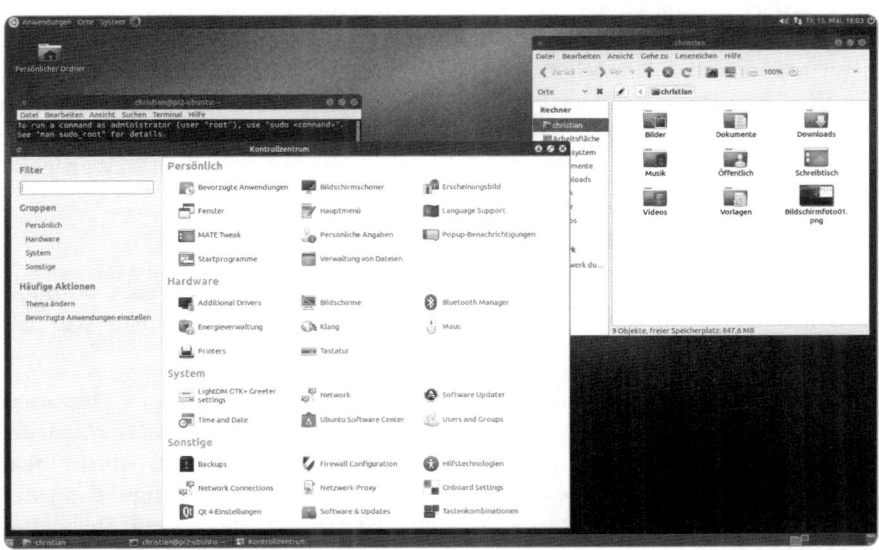

Bild 11.4: Ubuntu mit MATE-Desktop auf dem Raspberry Pi 2

DER MATE-DESKTOP

Der MATE-Desktop hat seinen Namen von der Mate-Pflanze, aus der der bekannte Mate-Tee gewonnen wird. Daher spricht man den Desktop auch »Ma-Tee« aus und nicht anglistisch »Mäit«.

Der MATE-Desktop ist die Fortführung von GNOME 2 und bietet für Linux und andere Unix-artige Betriebssysteme eine intuitive und attraktive Desktopumgebung. Als GNOME die neue, und auch sehr leistungshungrige, Version GNOME 3 veröffentlichte, wurde die von vielen Benutzern liebgewonnene Vorversion in ein eigenständiges Projekt überführt. Dabei mussten aus Kompatibilitätsgründen diverse integrierte Anwendungen umbenannt werden. Weitere Informationen bei: *mate-desktop.org/de*.

In der Standardeinstellung springt der Bildschirmschoner nach 5 Minuten an und fordert zur Reaktivierung des Desktops jedes Mal eine Passworteingabe, was sehr lästig werden kann. Wählen Sie in der Menüleiste am oberen Bildschirmrand *System/Einstellungen/Darstellung/Bildschirmschoner*. Hier können Sie die Zeit bis zur Aktivierung des Bildschirmschoners verlängern und den Schalter *Bildschirm sperren, wenn der Bildschirmschoner aktiv ist* ausschalten. Dann braucht zur Reaktivierung kein Passwort mehr eingegeben zu werden.

11.2.2   Ubuntu MATE im Netzwerk

Ubuntu MATE wurde als Desktopbetriebssystem für Arbeitsplatzcomputer entwickelt. Deshalb sind auch standardmäßig keine Serverdienste, wie SSH oder ähnliche, installiert.

Umgekehrt läuft aber ein SMB-Client, der Windows-Freigaben im Netzwerk automatisch findet. Klicken Sie im Dateimanager unten links unter *Netzwerk* auf *Netzwerk durchsuchen*. Hier sehen Sie alle Windows-Freigaben im lokalen Netzwerk. Um sich anzumelden, müssen Sie je nach Konfiguration der Windows-Computer Benutzernamen und Passwort angeben. Wenn Sie bei der Einrichtung von Ubuntu MATE Ihren Standardbenutzernamen und Passwort der Windows-Computer einrichten, können Sie das Windows-Netzwerk nutzen, ohne weitere Anmeldedaten zu benötigen.

11.3   Windows 10 IoT core

Anfang des Jahres 2015 überraschte eine Meldung die Medien: Der Raspberry Pi 2 soll Windows 10 unterstützen. Die Raspberry Pi Foundation arbeitet dazu mit Microsoft zusammen. Microsoft wird eine spezielle Windows-10-Version kostenlos zur Verfügung stellen und will damit in die Maker-Szene einsteigen (*www.windowsondevices.com*). Diese Meldung sorgte für viel Aufsehen, doch was bedeutet es wirklich?

- Keine grafische Oberfläche

- Windows-10-PC zur Installation erforderlich (keine virtuelle Maschine)

- Bis jetzt (Mai 2015) noch alles andere als ausgereift

- Ausschließlich für Entwickler geeignet, die für das Internet of Things programmieren möchten

11.3.1   Windows 10 IoT core auf eine Speicherkarte übertragen

Windows 10 IoT core ist bis jetzt nur als Preview erhältlich. Bis zur finalen Version wird die Installation (hoffentlich) noch einfacher laufen.

1 Melden Sie sich auf der Microsoft-Connect-Seite *connect.microsoft.com* zunächst mit einem Microsoft-Konto an und bestätigen Sie den Lizenzvertrag. Andernfalls erscheint beim Versuch, später die Datei zu finden, nur eine nichtssagende Fehlermeldung.

2 Laden Sie im Browser auf einem Windows-10-PC unter der Adresse *ms-iot.github.io/content/win10/SetupRPI.htm* das etwa 480 MB große Paket *Windows 10 IoT Core Insider Preview Image for Raspberry Pi 2* herunter.

3 Entpacken Sie das ZIP-Archiv auf die Festplatte des PCs. Microsoft verwendet leider nicht das weit verbreitete IMG-Dateiformat, sondern ein eigenes Format *ffu*, das sich nur mit Windows 10 verarbeiten lässt.

4 Öffnen Sie in Windows 10 ein Eingabeaufforderungsfenster mit Administratorberechtigung. Klicken Sie dazu im Startmenü mit der rechten Maustaste auf den Menüpunkt *Eingabeaufforderung*, wählen Sie *Als Administrator aufrufen* und geben Sie anschließend den Befehl `diskpart` ein.

5 Automatisch öffnet sich ein neues Fenster. Geben Sie hier am Prompt `DISKPART>` den Befehl `list disk` ein. Alle Datenträger werden aufgelistet. Anhand der Größe erkennen Sie schnell die Speicherkarte. Merken Sie sich deren Datenträgernummer und verlassen Sie *diskpart* dann mit `exit`.

```
C:\WINDOWS\system32\diskpart.exe                              —   □   ×

Microsoft DiskPart-Version 10.0.10074

Copyright (C) 1999-2013 Microsoft Corporation.
Auf Computer: WIN-TSKKP8ICH6C

DISKPART> list disk

  Datenträger ###  Status          Größe    Frei    Dyn  GPT
  ---------------  --------------  -------  -------  ---  ---
  Datenträger 0    Online          232 GB   1024 KB
  Datenträger 1    Online          7600 MB     0 B
  Datenträger 2    Kein Medium        0 B      0 B
  Datenträger 3    Kein Medium        0 B      0 B
  Datenträger 4    Kein Medium        0 B      0 B

DISKPART> _
```

Bild 11.5: DISKPART zeigt vorhandene Datenträger an.

❻ Wechseln Sie jetzt im Eingabeaufforderungsfenster in das Verzeichnis, in dem die heruntergeladene ZIP-Datei entpackt wurde, und geben Sie dort die folgende Befehlsfolge ein (alles in einer Zeile). Dabei muss der Buchstabe X bei PhysicalDrive durch die vorher gemerkte Datenträgernummer ersetzt werden:

```
dism /Apply-Image /ImageFile:Flash.ffu
    /ApplyDrive:\\.\PhysicalDriveX /SkipPlatformCheck
```

❼ Die Übertragung der Daten dauert ein paar Minuten.

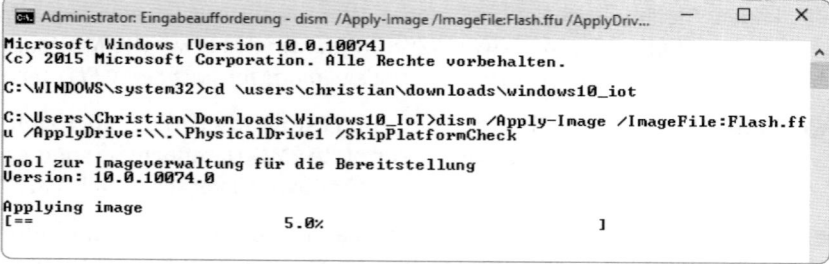

```
Administrator: Eingabeaufforderung - dism /Apply-Image /ImageFile:Flash.ffu /ApplyDriv...   —   □   ×
Microsoft Windows [Version 10.0.10074]
(c) 2015 Microsoft Corporation. Alle Rechte vorbehalten.

C:\WINDOWS\system32>cd \users\christian\downloads\windows10_iot

C:\Users\Christian\Downloads\Windows10_IoT>dism /Apply-Image /ImageFile:Flash.ff
u /ApplyDrive:\\.\PhysicalDrive1 /SkipPlatformCheck

Tool zur Imageverwaltung für die Bereitstellung
Version: 10.0.10074.0

Applying image
[==                       5.0%                       ]
```

Bild 11.6: Datenträger-Image auf die Speicherkarte übertragen

11.3.2   Windows 10 IoT core auf dem Raspberry Pi 2 booten

Nachdem die Speicherkarte auf diese Weise fertiggestellt ist, booten Sie den Raspberry Pi damit.

Auf dem Bildschirm erscheint ein blaues Windows-Logo. Jetzt ist Geduld gefragt. Es passiert minutenlang scheinbar nichts. Weder eine LED blinkt, noch ist auf dem Bildschirm irgendetwas zu sehen. Nach einiger Zeit erscheint ein blauer Bildschirm, der die IP-Adresse anzeigt. Diese sollten Sie sich für später merken.

Es scheint, als ob man auf diesem Bildschirm etwas anklicken könnte, das ist aber nicht der Fall. Warten Sie einfach noch ein paar Minuten, bis ein schwarzer Bildschirm mit einem Foto des Raspberry Pi erscheint. Auf diesem Bildschirm können Sie nichts anderes tun, als über das Zahnradsymbol unten rechts die richtige Zeitzone auszuwählen. Die Maus reagiert sehr träge – lassen Sie sich Zeit, sonst klicken Sie daneben.

Windows 10 IoT core verfügt über keinerlei weitere grafische Oberfläche. Verbinden Sie sich daher über den Browser eines PCs im lokalen Netzwerk mit dem Raspberry Pi. Geben Sie dazu dort die auf dem Raspberry Pi angezeigte IP-Adresse ein. Es erscheint eine Anmeldeaufforderung, in der Sie den Benutzernamen Administrator und das Passwort p@ssw0rd eingeben müssen.

Danach zeigt sich eine Weboberfläche, eine Art Taskmanager, auf der Sie den Gerätestatus des Raspberry Pi und laufende Prozesse verfolgen können.

Um jetzt mit der Programmentwicklung anzufangen, benötigen Sie noch eine PowerShell-Verbindung vom PC zum Raspberry Pi. Wie das funktioniert, erklärt Microsoft unter *ms-iot.github.io/content/win10/samples/PowerShell.htm*.

Windows wird nach derzeitigem Stand nie ein Raspberry-Pi-Betriebssystem für Anwender werden. Entwickler können aber mithilfe des Raspberry Pi Anwendungen und Treiber für das Internet of Things entwickeln.

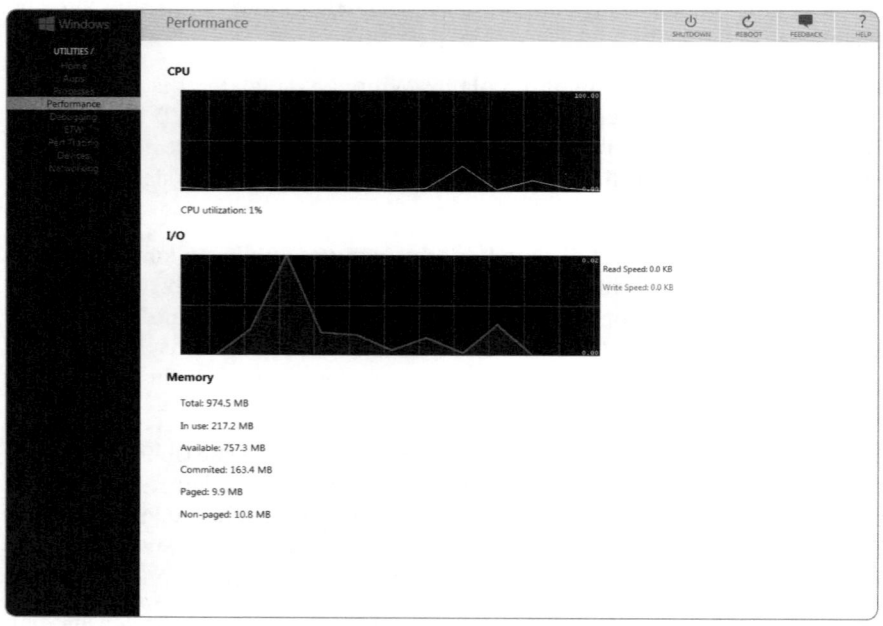

Bild 11.7: Die Weboberfläche von Windows 10 IoT core auf dem Raspberry Pi 2

INDEX